U1014357

社会工作介入社会救助

——以七彩昀“低保”家庭社会支持网络构建项目为例

陈洪涛　主编

宋　爽　张　斐　副主编

中国社会出版社

图书在版编目(CIP)数据

社会工作介入社会救助/陈洪涛主编. —北京:中国社会出版社,2015.12
ISBN 978-7-5087-5208-2

Ⅰ.①社… Ⅱ.①陈… Ⅲ.①社会工作—社会救济—研究—中国
Ⅳ.①C916

中国版本图书馆 CIP 数据核字(2015)第 292741 号

书　　名:社会工作介入社会救助

主　　编:陈洪涛

出 版 人:浦善新
终 审 人:李　浩
责任编辑:张友华　　　　**责任校对**:刘小洋

出版发行:中国社会出版社　　　　**邮政编码**:100032
通联方法:北京市西城区二龙路甲 33 号新龙大厦
电　　话:编辑部:(010)58124863
邮购部:(010)58124848
销售部:(010)58124845
传　真:(010)58124856
网　　址:www.shcbs.com.cn
shcbs.mca.gov.cn
经　　销:各地新华书店

中国社会出版社天猫旗舰店

印刷装订:保定彩虹印刷有限公司
开　　本:230mm×160mm　1/16
印　　张:14
字　　数:178 千字
版　　次:2016 年 1 月第 1 版
印　　次:2016 年 1 月第 1 次印刷
定　　价:30.00 元

中国社会出版社微信公众号

序 言

贫困问题是不同社会形态，也是不同国家普遍需要面对的一个世界性课题。纵观人类文明和社会沿革的轨迹，我们也可以理解为是人类始终在与贫困作抗争、期待实现共同富裕的持续发展的过程。

消除贫困，改善民生，逐步实现全体人民共同富裕，是社会主义的本质要求。1997 年，十三届五中全会首次提出：我们要在本世纪头二十年，集中力量，全面建设惠及十几亿人口的更高水平的小康社会，使经济更加发展、民主更加健全、科教更加进步、文化更加繁荣、社会更加和谐、人民生活更加殷实。2012 年，党的十八大报告中进一步明确提出“全面建成小康社会是党和国家到 2020 年的奋斗目标”。

伴随着改革的不断深化，我国逐步开始全面建立社会救助制度，扶贫开发取得了举世瞩目的成就，为人类减贫事业作出了巨大贡献。2014 年 10 月 17 日，习近平同志在全国社会扶贫工作电视电话会议上对扶贫工作作出重要批示，提出“积极动员社会各方面力量共同向贫困宣战，继续打好扶贫攻坚战”。

社会救助是专业社会工作的传统服务领域，社会工作产生并发展于社会救助服务，二者之间互为依存，有着密不可分的渊源。所以在消除贫困以及贫困的代际传递方面，社会工作既可以为社会救助服务提供坚实的理论支撑，也可以提供更科学的救助方法、技巧和手段。专业社会工作可以在社会救助领域发挥重要的作用，具有独特的优势和魅力。

由于我国当代社会工作的发展起步较晚，相关理论和专业方法大多源于西方社会，需要经历一个艰巨的本土化过程来转化，也正是基于这样的认识，我们编写了这本《社会工作介入社会救助》。本书详尽地介绍了我国社会救助社会工作发展的历史沿革，对社会救助社会工作的定义概念、基本理论、专业方法、服务内容、介入技巧、实务流程等进行了深入浅出的阐述。在编写过程中，我们采集了大量的实务案例，在实务操作层面对于一线社工具有较强的指导性。

由于编写时间较为紧促，本书不可避免会存在着一些不足和瑕疵。这里，敬请社会工作学界的专家同人以及广大读者予以指正。

最后，感谢编写组的全体同事为本书所付出的艰辛努力！

中国社会工作学会副会长

中国社会工作教育协会副会长　　　　邹文开

北京社会管理职业学院党委书记、院长

2015－7－8

目　录

理　论　篇

实　务　篇

引 言

近期一些相关新闻事件报道，如在首都井下居住的人们震惊现代社会（人民日报网：北京井居人一家让人心酸的生活）、慈母杀死脑瘫儿子的人间惨剧（山东卫视：慈母为什么杀死两个脑瘫亲生儿子），让人唏嘘叹息。

社会救助体现了浓厚的人道主义思想，是社会保障的最后一道防护线和安全网。社会的低收入人群和特殊困难人群是政府予以社会救助的主要工作对象，其目标是扶危济困，救助社会脆弱群体，更多地反映了一种积极的、长期的助贫济困措施。

1999 年 9 月 28 日，国务院正式颁布《城市居民最低生活保障条例》。2006 年 7 月 11 日，国务院印发《关于在全国建立农村最低生活保障制度的通知》。条例的颁布和实施，标志着社会救助工作取得突破性重大进展。民政部提出以低保为核心的新型社会救助体系，努力推动五保供养、医疗救助、住房救助、教育救助、临时救助等救助制度的发展，着力为困难群众打造一张能够保障其基本生活的社会安全网，在反贫困和社会救助领域取得了举世瞩目的成绩。城乡居民最低生活保障制度的建立，从根本上修正了传统社会救助制度的缺陷。从救助人数看，城市低保救助人数从 2000 年的 403 万人增加到 2009 年的 2347.7 万人，农村低保对象从 2002 年的 407.8 万人增加到 2009 年的 4759 万人。据不完全统计，2013 年，我国城市低保救助 1096 万户、2061 万人，全年支出资金 724.5 亿元；农村低保救助 2925

万户、5382 万人，支出资金 841.9 亿元；救助农村五保供养对象 538 万人，支出五保供养资金 174.3 亿元；救助城市“三无”人员 90 万人；实施医疗救助 1 亿多人次，支出资金 260 亿元；实施临时救助 3937 万户次，支出资金 93.4 亿元；紧急转移受灾群众 1200 万人次，救助受灾群众 8000 万人次。此外，教育救助、住房救助、就业救助等救助制度有序推进，救助水平和覆盖面稳步提高，困难群众得到的实惠越来越多。

社会救助与社会工作关系密切。社会工作以“助人”为核心理念，其早期的助人实践活动成为社会救助工作发展的基础。社会救助是专业社会工作的传统服务领域，早在 18 世纪，英国的睦邻友好运动、美国的慈善访问员都是社会救助工作最早的职业化发展雏形。作为社会工作的一个重要领域，社会救助社会工作主要依托适合救助制度和政策，面向生活困难的个人、家庭和群体，展开以济贫、扶危为主要内容的救助活动。

进入新时期以来，在社会救助领域，我国政府主办的社会福利机构、社会新创建的专业社会工作机构都开始运用社会工作专业方法介入社会救助领域。近年来，一些地方出现了社会工作介入社会救助领域的尝试，如北京市朝阳区七彩昀低保社会工作项目、无锡市锡山区困境儿童社会工作援助项目、重庆救助站流浪未成年人救助社会工作项目、河南省郑州市流浪儿童救助“类家庭”模式、广东省广州市荔湾区花地街社区反贫困社会工作综合服务等。这些社会救助领域的社会工作实践，虽然是初步的，但已经在一定程度上彰显出专业社会工作在解决社会救助领域问题的优势。通过这些实践，我们可以发现，社会工作者在社会救助领域可以发挥以下作用：

一是利益维护与需求评估，参与最低生活保障制度的设计、修订与实施。一个良好的社会政策的制定必须从需求出发，社会工作也因此成为贫困者需求与问题的最主要的表达者和诠释者。由于社会工作长期从事的是基层服务工作，与困难群体和贫困者有着密切的接触，所以最了解他们的需要和遭遇的问题，容易理解他们的立场并助其维护正当权益。二是使能者与倡导者——推动就业和经济自主的服务策略。社会工作“使能者”的角色主要围绕贫困者个人改变展开，重点是要提升其人力资本。贫困者普遍缺乏外界劳动力市场的信息，不知道通过什么途径找工作，也不清楚使用就业辅导和职业训练服务。社工应重点了解贫困者无力、无助、无望的心情，并给予辅导和增权，使他们能够从宿命论中走出，并能够有信心掌握自己的命运和未来，也能有效阻隔贫穷的代际相传。社会工作“倡导者”的角色主要围绕贫困者社会环境的改变展开，重点强调的是就业机会的挖掘，包括呼吁政府积极创造新的就业机会，使其中一些技术要求不高的岗位能够吸纳贫困者，并为他们提供工作中的教育和训练，使之能够学习新技能，同时鼓励贫困者自主创业。社会工作者往往要对贫困者的创业项目进行评估和市场预测，甚至设计营销策略。三是服务提供者——为贫困者解决实际的困难。大部分的贫困者除了经济状况的困境外，也面临诸如健康、心理、婚姻、亲子关系、家庭矛盾等其他的严重危机，由此而产生的问题也是多方面的，往往表现为心理压力大，身体健康状况不佳，自尊降低，期望减少，违法行为增加等。因此社会工作者也会给贫困者及其家庭提供基本的社会服务，解决其面临的问题，并维持一定的生活质量。

2014 年 2 月 27 日，国务院办公厅正式发布了《社会救助暂行办法》，《办法》明确提出：“县级以上地方人民政府要发挥社会工作机构和社会工作者的作用，为社会救助对象提供社会融入、能力提升和心理疏导等专业服务。”这就为社会工作介入社会救助提供了政策依据，标志着社会救助工作从资金、物资保障转向资金物资保障、生活照料服务和心理疏导相结合，这也是社会救助方式新的规范、新的发展。

2 月 28 日，国务院新闻办公室举行新闻发布会，民政部部长李立国、国务院法制办副主任胡可明介绍《社会救助暂行办法》有关情况，并答记者问。李立国部长表示,社会救助工作是社工发挥作用的重要领域,专业社工师是社会救助服务中完善社会功能、进行心理疏导的重要服务提供者,社会工作服务机构和社会工作者参与社会救助,能够发挥促进社会融入、帮助救助对象提升能力、心理疏导、资源链接以及向社会救助对象宣传、倡导的五大功能。李立国部长同时讲道:“2006 年党的十六届六中全会在《中共中央关于构建社会主义和谐社会若干重要问题的决定》中提出,要建立宏大的社会工作人才队伍。十六届六中全会以来,在党的人才建设规划中,把社会工作人才作为六类人才队伍之一,作出规划,进行部署,我国的社会工作人才队伍建设已经取得了明显的进展。但是,社工队伍的建设同社会需求还很不适应,《办法》在社会参与这一章中,专门有一条对发挥社工作用作了规范,有新的促进意义,我们也一定要把《办法》规定的这项任务落实好。”《社会救助暂行办法》的出台,说明国家从制度上规定了社会救助领域需要引入专业社会工作介入。

与此同时,2014 年的国际社工日的中国主题也被确定为“弘扬社工精神,服务困境人群”,进一步推动形成“有困难找社工”和人人关心、支持、参与社会工作的氛围,为社会工作事业健康快速发展营造良好的社会环境。

理论篇

社工介入社会救助的实践探索

——以北京七彩旳相关项目为切入点

在现代社会,由于个人自身原因、自然原因或者社会原因会导致社会成员及其基本生活难以维持,陷入困境,若国家和社会不伸以援手,则这个人或者家庭会陷入绝境,很有可能出现人间悲剧。我国经过30多年改革开放,整体上人们的经济生活较以往普遍提升,然而,由于社会环境的变化,诸如房价居高不下,“看病难、看病贵”,大学教育费用上升等问题已经对社会多数成员的生活造成了非常大的影响,尤其对那些处于贫困或者需要救助的群体,这些问题已经严重影响到他们的正常生活,假如国家和社会不从制度方面予以关注,那么个人乃至家庭是难以在这个社会继续生活下去或者会以一种失去人的尊严的方式生活。

社会救助体现了浓厚的人道主义思想,是社会保障的最后一道防护线和安全网。社会的低收入人群和特殊困难的人群是政府予以社会救助的主要工作对象,其目标是扶危济贫,救助社会脆弱群体,更多反映了一种积极的、长期的救困助贫措施。

然而,由于中国社会处于非常特殊的变革期,伴随城市化进程的加快以及经济产业结构的调整,我国社会救助工作的形势依然严峻。首先,城乡贫困人口自20世纪90年代后就呈现出不断上升的趋势,贫困群体规模不断扩大。其次,国家出台的各类社会救助政策侧重于解决这一群体的共性化问题，但是导致每位救助对象陷入贫困境地的原因是多样化的，涉及教育、技能、医疗甚至心理问题，仅依靠社会救助金不能从根源上解决救助对象错综复杂的问题，难以满足他们的个性化需求。再次，现有社会救助制度尚需要进一步完善，救助者对国家社会救助政策依赖现象较为严重。最后，我国虽然初步建立了以低保为核心的新型社会救助体系，但是五保供养、医疗救助、住房救助、教育救助、临时救助等救助制度之间的衔接配合尚不够紧密，相关制度的合理性也有待进一步提高。

上述问题，为专业社会工作介入社会救助领域提供了现实基础，而社会工作的价值理念、专业理论以及工作方法，则给社会工作者介入社会救助领域服务提供了可行保障。

进入新时期以来，在社会救助领域，我国政府主办的社会福利机构、社会新创建的专业社会工作机构都开始运用社会工作专业方法介入社会救助领域。通过这些实践，我们可以发现：社会工作者在社会救助领域可以作为利益维护与需求评估、服务提供者与使能者与倡导者发挥作用。

2014 年 2 月《社会救助暂行办法》明确提出，县级以上地方人民政府要发挥社会工作机构和社会工作者的作用，为社会救助对象提供社会融入、能力提升和心理疏导等专业服务。这项法律的出台说明国家从制度上规定了社会救助领域需要引入专业社会工作介入。低保制度是我国社会救助体系的基础和核心，是反贫困事业的重要组成部分。我国低保人数，截至 2013 年 10 月，城市居民最低生活保障人数 2077.6 万，农村居民最低生活保障人数 5355.8 万，城乡居民最低生活保障人数共有 7000 多万人。

近年来，一些地方出现了社会工作介入社会救助领域的尝试，如北京市朝阳区七彩昀低保社会工作项目、无锡市锡山区困境儿童社会工作援助项目、重庆救助站流浪未成年人救助社会工作项目、河南省郑州市流浪儿童救助“类家庭”模式、广东省广州市荔湾区花地街社区反贫困社会工作综合服务等。这些社会救助领域的社会工作实践,虽然是初步的,但已经在一定程度上彰显出专业社会工作在解决社会救助领域问题的优势。

北京市朝阳区七彩昀社会工作事务所成立于2011年4月11日,主要致力于为“贫、苦、疾、难”等特殊困难群体提供长期济助和急难帮救,是目前北京地区唯一一家以社会救助为专业服务领域的民办社工服务机构。自2011年起,机构先后开展了多个低保救助方面的社工专业服务项目,分别是“低保家庭社工介入及综合支持网络建设”项目:通过为低保家庭赋权增能,帮助他们解决实际困难,消除影响家庭功能正常发挥的负面因素,协助建立社会支持网络,促进良性发展;“低收入群体就业援助计划”:为社区低保及边缘群体搭建就业、创业援助支持网络,帮助服务对象解决就业过程中的实际困难和障碍,通过体验式就业培训来提高就业能力,逐步实现稳定就业和积极创业;“保障社区低收入家庭学龄子女成长教育支持计划”:面向低保家庭学龄子女提供成长教育支持,帮助改善孩子的成长环境、解决成长困惑,引入社会教育资源,促进贫困家庭儿童健康发展,遏制贫困的代际传递。

在实现城乡低保“应保尽保”的基础上,低保救助能否向积极救助转变,北京市朝阳区七彩昀“低保家庭社会工作介入服务及社会支持网络建设”项目为此作出了积极探索。此项目通过社会工作专业服务,增强低保对象的自助能力,改善低保家庭的微循环系统,这一社会工作全方位介入低保家庭服务的尝试,体现了低保制度向发展性救助方向的转变。

“朝阳区低保家庭社工介入服务及社会支持网络建设”系朝阳区民政局2011年度重点理论调研课题,也是“七彩昀”所承接的第一个专业社工服务项目,于2011年7月被列入了朝阳区政府购买社会组织公共服务项目名单,区社会建设工作办公室提供了全额的项目资金和5个专职社工岗位经费。项目的长远目标是运用专业社会工作手法解决城市贫困问题；阶段性目标是通过专业社工介入，帮助低保家庭摆脱贫困文化的影响，促进认知转变，改善家庭的微观、中观和宏观系统，消除影响家庭功能正常发挥的负面因素，增强社会互动，提高其社会交往和利用资源的能力，协助他们走出困境，回归社会正常生活。

项目实施过程中，社工综合运用了社区、小组、个案等多种专业方法，围绕低保家庭的各类实际需求，帮助服务对象解决了诸如婚姻矛盾、子女教育、老人赡养、就医就业、心理认知、家务帮助等实际困难。全年累计入户访谈 957 次，平均每户达 9.57 次，建立专业服务档案 100 份，与其中 91 户服务对象确立了专业助人关系，完成普通个案 75 例，重点个案 16 例，开展各类社区活动 47 次，提供各类志愿服务 360 余次。项目直接受益群体约 500 人，间接受益群体 2618 人次，各试点社区围绕低保家庭的邻里、社区、社会三级支持网络已初步形成。

通过“低保家庭社工介入及综合支持网络建设”项目实施，经过阶段性测量和评估，服务对象与介入前相比较，获得了以下几个方面的提升：主动寻求帮助的意愿明显加强，利用社区、社会资源的能力有了显著提高；邻里之间、居民之间的互动明显增多，社会交往能力有显著提升；心理状况有所改善，性格更加开朗，倾诉愿望提高；家庭关系更加融洽，家庭功能得到修复和发挥；对生活的热爱程度明显提高，开始培养自己的兴趣爱好，生活质量提升；更加关注子女的成长、发展、教育和就业问题，对未来家庭生活的期望有所提升。

在此项目实施过程中，社会工作介入社会救助领域面临的问题与难题显示为：

一是建立专业信任关系的难度大，过程漫长。服务对象主动求助的意愿不足，导致专业信任关系建立困难。服务对象长期受特定的贫困文化影响，其特殊的生活习惯、方式和价值观念基本都是几十年才形成的，仅靠短期的专业介入很难帮助服务对象发生质的改变。

二是救助社会工作所面临的问题错综复杂，对一线社工的专业能力要求高。

低保对象的群体构成非常复杂,既有残疾人,也有健全者;既有孤寡老人,也有问题青少年、儿童,还包括一定比例的危重病患者、精神疾患者、"两牢"释放人员、单亲结构家庭;低保家庭的问题往往会纠缠在一起,几乎涵盖了社工工作的各个领域,这无疑对社工的专业能力提出了更高的要求。目前的专职社工大都是社工系刚毕业的学生,缺少实务经验和生活阅历,在最初处理服务对象的各种问题时倍感吃力,无所适从。而低保家庭面对年轻的社工时,往往会对他们的能力产生怀疑,从而影响到专业信任关系的建立,也影响到介入服务的质量。

三是专业社工介入低保救助工作中遇到很多政策瓶颈。现行低保救助政策不够完善,不少低保对象形成了对救助政策的依赖。现行低保救助政策的很多重要规定在街乡和社区层面未能得到有效的执行。

低保对象的群体构成复杂,而救助社会工作则非常注重对服务对象自身能力的发展和培养,具有润物细无声的专业特点,更注重对服务对象长期的潜移默化。所以社工的专业服务往往需要一个相对长期的、系统的介入过程,对一线社工的专业能力也提出了更高的要求。从本项目来看,七彩昀社工已经帮助服务对象取得了很多积极的变化,但这些变化可能还处于一个量变过程,需要通过项目延续来继续巩固这些也许非常微小但又非常积极的改变,由量变能够积累和转化为质变,从而帮助更多的低保家庭摆脱困境,增强能力,实现发展。

值得肯定的是,社工专业教材并未明确阐述与案主建立专业关系应当采取何种具体方法。七彩昀社工在实践中发现,帮案主做一些看似与专业无关的事情比如帮助购物、买菜、家务清洁、修理下水道等,往往紧贴案主直接需求,很容易获得案主的认可与信任。这一做法或许并不符合学院式教学,但对解决问题十分有效。其实仔细思索，这未尝不符合"人在情境中"的社工专业理念。

解决社会底层群众的贫困问题，始终是政府的重大责任。如果说国家的社会救助体系是在宏观层面发挥最后一道保障网的功能，那么一线社工帮助低保群体逐步改善个人及家庭的微观系统，甚至尝试改变这一群体所特有的负面文化传统，帮助每一户来解决这些困扰低保家庭发展的个性化问题，最终协助他们从保障网中走出来，这正是救助社会工作存在的价值和意义。

北京市朝阳区:低保家庭社工服务探索

许 娓 张 燕 实习记者:苗怀宁

100个低保家庭,5名专职社工,1名项目督导,1家新生的社工机构,北京市朝阳区“低保家庭社工介入服务及社会支持网络建设”项目(以下简称低保项目)已经开展一年有余。这个项目给低保群体的生活带来什么变化?项目本身又有怎样的意义?

扶贫,不仅仅是给钱

低保项目是北京市朝阳区社会建设工作办公室(以下简称社会办)向朝阳区七彩昀社工事务所(以下简称七彩昀)购买的社会工作项目。2011年4月,七彩昀成立;7月,低保项目正式启动,项目针对左家庄、垡头、和平街、劲松、机场5个街道100户低保家庭开展社会工作专业服务。

为什么选择针对100户低保家庭做社会工作服务?北京市朝阳区委社会工委书记、社会办主任张永新说,朝阳区起初是想培育各有特点、各有领域专长的社工事务所,而低保对象是众多社会工作服务人群里的典型,从政府的角度看,解决贫困问题始终是政府的责任,当前政府相关的救助政策在宏观层面发挥了最后一道保障网的功能,但是在家庭、个人和社会支持网络等微观和中观层面的改善,以及提供专业服务方面,政府却是心有余而力不足,而这正是社会工作的优势。100 户的规模，是为了把服务辐射到 5 个街道，保证项目有一定的覆盖面和说服力，产生一定的规模效应。

朝阳区民政局低保中心副主任杨海燕长期接触低保家庭，她发现，越是困难的家庭越困难，因为低保群体基本是个自我封闭的人群，不接触人，没有什么社会关系网，所以能够得到的帮助就越来越少，这直接影响到整个家庭。“实际上，扶贫并不仅仅是政府给一点钱。”

“民政的社会救助政策一般都是由上至下，逐步进入到被救助的家庭中去，却没有从每个低保家庭的动态来考虑他们的困难究竟是什么，没有能够针对低保家庭的需求提供服务。”杨海燕认为，朝阳区低保社工服务项目正是基于这种困境所做的社会工作专业尝试。

项目原计划以讲座和志愿活动为主，但是项目在实施过程中，社工发现，低保家庭这一群体由于长期被社会边缘化，社会参与意识不高，同时自身文化程度又偏低，对那些知识层面较高的婚姻辅导、心理健康等讲座和劳动技能培训“不太买账”。需求调查显示，低保家庭的需求主要围绕经济援助、子女教育、法律咨询（相关房产、遗产继承等内容）、康复健身，以及花卉养殖、书法、绘画、收藏等方面内容。

七彩昀马上调整计划，“以社区融合活动来吸引服务对象参与；用小组活动促进服务对象能力的提升；通过个案服务帮助服务对象解决一些紧迫的问题和困难，减轻生活压力”。机构创始人、理事樊建兵介绍。

“要想当社工，先当小时工”

社工进入社区面临的首先就是接纳和认同问题。朝阳区社会建设工作办公室作为项目的政府购买方，首先要为项目做落地对接。“和街道对接需要一个过程。”社会办副主任时春岗提道，“有了解社工的，主动提出要社工；有些不明确的，说你们给我个低保协管员，挺好的。”

在对接会上，有的街道不接受低保项目。时春岗认为，社区习惯了传统的工作方法，一开始不理解、不支持社会工作也很正常，“没有碰撞就没有思考，有争论才有改变”。

有些居委会的工作人员则认为，他们和社区之间的关系已经稳定了，社工进社区来，是对居委会工作的冲击。社工叶亮亮说：“我们的办法就是多沟通、多交流，让居委会了解到社工做的工作是不一样的。”

社工姜鹏圆说：“社工初次入户时一般都由居委会带领，但是很多服务对象非常冷漠。”时春岗也谈道：“有的服务对象说我就想吃低保，‘你们给我服务还不如给我点钱’。”

面对服务介入的困难，社工更多地采取了一种接纳和包容的态度。叶亮亮说：“刚开始，我们就多帮助服务对象做一些生活中的小事，在日常生活中建立联系，比如陪服务对象一起去医院、买菜、做家务、修理下水道、经常打电话等。我们经常开玩笑说‘要想当社工，先当小时工’。”

与此同时，七彩昀的合作高校——北京社会管理职业学院加强了专家督导团队的建设，7 名专业老师承担了机构的督导，每周有一天进行现场督导。从 2012 年 1 月起，学院还长期派一名专业老师脱产到七彩昀担任项目督导主任。

机构和项目一起成长

张永新说，北京市 2010 年开始政府购买专业社会工作岗位，提出“一街一社工”，一个岗位一年 3 万元，但是，“如果把一个社工放进街道，很有可能产生两种情况：被行政化和被边缘化。”而朝阳区开展社工项目，一是创造性地落实政府购买专业社会工作岗位，二是想把各街道社工整合在一块集中做项目，形成一个小团队，一个合力，来保证社会工作的专业化方向。

从 2010 年开始，朝阳区培育了 10 家社工机构，七彩昀定位于主攻社会救助方向，100 户低保家庭的社工服务由它承接。朝阳区配备岗位资金 2 万/人 · 年，加上市里的资金，5 名社工 1 名督导一共是 30 万元，另外再配备项目经费 23 万元。

“低保家庭的社工介入服务是一个高难度的项目，服务对象的问题大多非常棘手，对年轻的一线社工是一个挑战，项目在初期实施阶段难度非常大。”低保项目组组长、北京社会管理职业学院社工系主任陈洪涛说。

“我们购买社工项目的目的，也是希望通过项目实施来带动社工机构的成长，培养专业社工，毕竟目前我们的机构和社工都还非常年轻。”张永新说。

从做“小时工”开始，社工一点一点地被服务对象接受。在刚入户时，社工发现，低保家庭大多因身体原因或心态消极，疏于对家居进行清洁和美化，个别老人的家里还存在诸多不安全因素，如煤气灶老化、阳台窗户破损等。于是，社工组织志愿者推出了无偿的家居安全及环境美化活动，11 户低保家庭接受了这项服务。

为了更大范围内促进服务对象的参与，社工围绕传统节日开展了一系列社区融合活动，如在中秋节引入爱心企业给低保户赠月饼，腊八节开展 50 户居民“腊八粥香暖寒冬”活动，新春送水仙、幸福进百家系列活动，除夕夜为单亲低保家庭和低保老人举行“同吃年夜饭、共叙邻里情”的聚会，元宵节“大家动手做元宵”，举办灯谜会活动等。活动邀请低保家庭和社区居民一起参加。

“和服务对象建立专业关系后，我们主要通过个案访谈来了解服务对象的需求，然后根据需求来提供有针对性的服务。服务的内容包括子女教育支持、心理疏导、邻里关系、职业辅导。”叶亮亮说。姜鹏圆也谈道，社工针对不同的家庭，分别提供重点个案辅导、小组活动、社区活动等不同类型的服务。

王某，罹患肌萎缩性脊髓侧索硬化症（俗称“渐冻人”症），上半身已经萎缩，衣食住行甚至上厕所都需要有人照顾，而他的女儿正上初中,生活的重担全压在他爱人身上。家人不停息的照顾、家庭无力承担的高额药费及营养费,病魔无情的扩散,让王某对生活非常灰心。“总觉得不应该拖累家人,时常胡思乱想,觉得生命毫无意义。”

社工叶亮亮来了,“小叶每周有三天下午都会来家中找我,陪我聊天、逛逛公园或者听听音乐。和社工在一起,我心情开朗了许多,社工如今已经成为我家中的常客。”王某说,社工陪他上医院,帮助家里缴纳水电费,有时还帮他年迈的母亲上医院取药,“社工还和我女儿成为了好朋友,除了交流学习生活经验外,他还教我女儿弹吉他,看到女儿有时在我身边弹唱,我感到非常欣慰。”

结项报告显示,一年来,社工累计入户 957 次,与 91 户建立了专业助人关系,完成重点个案 16 例,开展社区融合和小组活动 47 次;发展了不同的小组,如病友支持小组、健康养生小组、子女教育支持小组、亲子互动小组、就业支持小组等。

项目的成效与难题

“社工由最初被拒之门外到服务对象主动寻求帮助,有时候看到社工遇到困难服务对象还主动帮忙。”樊建兵看到一年来的变化,有一位社工要开展针对低保家庭子女的义务家教活动,没有合适的场地,服务对象主动找社工表示可以到自己家里来。“90% 的服务对象对社工都非常信任,把社工当朋友”。

樊建兵举了一个例子:一位服务对象因为家庭困难无法住院治疗,社工联系属地政府垫付医疗费用,联系居委会组织居民捐款,组织志愿者定向捐助,使案主的经济压力得到了缓解,显示出政府、社区、社会组织三方组成的支持网络在帮助低保家庭中的有效作用。

堡头一区社区居委会主任薛柱明认为,现在的社区已由原来“小脚缉侦队”的小条块精细化管理到现在的大社区规范化管理,但社区干部忙于政府事务,无暇开展专业服务,与居民会谈时也达不到专注、倾听、摘要、对质等专业技巧的运用,“社工进社区弥补了社区工作专业化服务的空白”。

而有了社工，低保家庭这个“社区中的沉默人群”被关注，他们的心理、生活态度都有了积极的变化。服务对象郑某，12 年前罹患白血病，骨髓移植手术后股骨头坏死，现为二级肢体残障，患病前父母已经离异。由于疾病和贫困的原因，他几乎很少与人交流，与正常的社会生活基本脱节。经过社工几个月的服务，郑某主动参加了机构组织的生活减压小组，并在小组会上积极发言，希望成为抗白血病志愿者，愿意用自己的亲身经历，为其他同类白血病患者提供心理安抚及生存激励服务。郑某还在今年上半年领取了结婚证，开始走向幸福的生活。

尽管“项目逐步走上了正轨，16 个重点个案取得了突破性进展”，陈洪涛仍然认为，不能忽视项目的艰巨性，“特别是项目的落脚点是要为低保家庭构建一个综合的社会支持网络，涉及如何帮助他们改善经济状况、转变就业观念、提高他们的能力，并促成他们积极就业，这些都是非常有难度的社会课题，但项目在这些方面还没有显现出特别的效果”。

陈洪涛还指出，低保服务对象普遍有家丑不可外扬的思想，或者出于面子的考虑而不愿向社工沟通并寻求帮助。虽然低保家庭生活困难，但他们宁愿沉默地生活在社区当中，也不愿让周围人知道自己的贫困状况，更不愿将这种状况公之于众，接受大家帮助。

张永新说，低保家庭的服务很有意义，政府投入，也会考虑产出，但社会工作是对人的服务，需要潜移默化的改变，效果不可能立竿见影，所以应当“允许服务成效积累的一个过程”。政府会持续地支持低保家庭服务项目，初步计划是 3 年，但也会考虑“助人自助”后的退出机制。“项目除了改变更多的服务对象、打造一个成熟的社会工作专业机构外，还希望社工在服务社区的过程中，带动更多的社区骨干、志愿者和草根社区社会组织的发展，建立起相关的工作机制，把社会工作的理念、方法延续下去”。

我国专业社工机构本土发展之路

——七彩昀社工介入低保家庭项目的启示

陈洪涛

社工机构建立与发展模式

经过30多年的改革开放，中国社会发生了深刻的变化，和谐社会已成为国家战略目标和社会普遍共识。社会建设有助于促进和谐社会构建，作为社会建设重要组成部分的社会管理，其重要性越来越凸显。作为助人自助的专业，社会工作擅长运用专门的方法与技巧为服务对象(案主与服务使用者)提供个性化的服务以满足其需求，正好契合了社会管理基本理念，因此，从2006年中央提出构建社会主义和谐社会以来，政府制定了一系列的规范性文件来推动社会工作的发展。

进入新世纪以来，随着社会工作人才队伍的发展，作为开展专业社会工作的组织，社工机构的设立与发展开始成为大力发展社会工作的重要内容。一些社会工作先行先试的地区，如上海、深圳、北京和广州等，开始了在这一方面的探索。从目前这些地区助推社工机构的成立与发展的模式看，主要有政府购买"项目"与"岗位"两种形式。如以机构主要负责人的身份为标准，内地社工机构的成立一般可分为三种类型：一是高校参与型，即具有社会工作背景的高校教师亲身参与机构的成立与建设；二是非社工机构转变型，即一些非社工机构的民办非企业单位或者社会组织，在地方政府对社工机构大力扶持之际，主动转型为社工机构；三是社会人士参与机构，即社会一些热心公益的人士，甚至是资深义工来做社工机构的负责人。

北京市近年来对社会建设、社会管理与社会工作日益重视，市区相关政府部门出台了不少推动社工机构发展的政策，近3年来社工机构已有几十家。北京市朝阳区七彩昀社工事务所（以下简称七彩昀）正是众多社工机构之一，与其他社工机构一样，成立一年来，经历了很多鲜为人知的艰辛与付出，终于走出了一条适合自己发展之路。七彩昀的成长轨迹，在一定意义上折射出了专业社工机构在当下我国社会工作事业初始发展阶段所面临的复杂环境。机构要想不断发展壮大，必须在社会、政府、服务对象等大力支持下，逐步探索出专业发展的本土道路。

七彩昀从项目到机构的发展经验

七彩昀成立以来，虽然承接了好几个项目，但从投入精力、时间与人力等方面而言，朝阳区低保家庭社工介入服务及社会支持网络建设项目（以下简称低保项目）无疑是投入最多的。机构通过这一项目，受益匪浅，短短一年中获得了全方位成长。这一项目的实施不仅让机构及其社工收获颇丰，同时让服务对象、项目委托方（政府主管部门）、社会（社区）等也都从中获益。

社会工作的根本任务是为服务对象提供专业的服务，因此，社会工作项目成功与否的最终评判标准是服务对象的满意度。随着项目的开展，服务对象和居民在逐渐了解项目以后，都对项目表示了肯定，在项目结束阶段的问卷调查中，服务对象对一线社工所提供服务的满意率达到了96%。具体而言，通过社工介入前后的阶段性测量，与项目启动前相比，服务对象的提升主要包括：主动寻求帮助的意愿明显加强，社区、社会支持方面有了显著提高；邻里之间、居民之间的互动明显增多,社会交往能力有显著提升;心理状况有所改善,性格更加开朗,倾诉愿望提高;家庭关系更加融洽,家庭功能得到修复和发挥;对生活的热爱程度明显提高,开始培养自己的兴趣爱好,生活质量提升;更加关注子女的发展、教育和就业问题,对未来家庭生活的期望有所提升。

伴随着本项目的推进,机构自身实现了不断的成长和发展。主要体现在:一是机构社工的数量增多,能力不断提升。二是机构组织制度不断完善,能力建设逐步提升。机构从成立之初,高度关注制度建设,除建立了日常管理(财务、人事、档案制度、志愿者等)制度与周工作例会制度外,还特别重视专业社工制度的建立与完善。例如,从提供服务伊始,机构便严格按照专业方法开展工作,给每个服务对象都设立一个档案。"一人一档"的制度确保了机构专业工作文字资料的完整与留存,为机构长远发展奠定了基础。

项目实施间接为社区建设、社会和谐与稳定提供了助力,反过来也促进了社会对社工的了解与认同。在组织活动过程中,社工并没有孤立地将低保家庭的服务对象作为一个群体来开展社区和小组活动,而是注重促进低保对象与普通社区居民之间的互动交流,项目的落脚点则放在帮助服务对象构建社会支持网络上,从而形成了有效的社区、社会支持,这些活动为项目目标顺利实现奠定了良好的基础。由于低保群体是社会的最困难群体,存在的很多个性化问题都与很多社会问题和社会矛盾密切相关,通过社工的介入服务改善了他们的生活状况,提高了他们的生活幸福感,间接地起到了维护社会稳定的效果。

七彩昀项目发展及机构运作的启示

七彩昀社工介入低保家庭及其机构运转对当下专业社工机构的发展最主要的启示主要有以下三点:

一方面,专业社工机构发展在当下要恪守非营利原则,秉承社会工作专业价值观。专业社工机构作为社会组织，其非营利性体现在如下三个方面：第一，不以营利为目的；第二，不能进行利润的分配（分红）；第三，不得将组织的资产以任何形式转变为私人财产。在当下社工专业机构发展之初，恪守非营利原则需要特别注意。因为，各地相关政府主管部门为尽快推进专业社工发展，往往给予机构一些支持、扶持与倾斜性政策。但是如果忘记非营利原则，社工机构就容易偏离组织宗旨，掉入营利陷阱，最终不仅会断送机构的持续发展，也会丧失整个专业社工机构的社会公信力。七彩昀社工机构的负责人在未从事专业社工之前，就对社工公益事业充满极大热情，在机构方向上，坚定非营利性原则，所付出的心力与时间是常人无法想象的。

另一方面，机构运行必须高度重视专业社会工作的理念与方法。项目实施要分析具体情境，探索本土实践。解决社会问题、满足服务对象需求方面，并非只有专业社会工作可以发挥作用，但其所具有的专业性，发挥的作用具有不可替代性。专业社工机构的发展要获得社会的认知和认可，必须在实际工作过程中时时注重体现专业性。

七彩昀就是这样，无论机构运行还是项目具体实施，都非常重视按照专业社会工作的理念与方法做事。在当下，专业社工机构还处于起步阶段，在社会工作者待遇普遍不理想的状态下，社工能够坚持在机构持久工作，在客观上，要克服诸多现实困难。虽然目前的现状是专业社工者人数不多，但七彩昀对社工的首要要求就是必须具有社会工作专业价值观。因为机构负责人十分清醒地认识到，如果对社工专业没有真正的认同，一个人是难以抵御当下社会的诱惑，更遑论为实现助人自助的专业目标而努力奋斗。

需要特别提到的是，在当下的社会环境中，七彩昀在开展社工服务时逐步体悟出，专业社工的开展不能脱离实际情况，理论的社会工作论述不少与社会工作的实际并不符合，所以，必须根据现场及时调整服务策略。例如，社工专业教材并未明确阐述在与案主建立专业关系时应当采取何种具体方法，七彩昀的社工在实践中发现，帮案主做一些看似与专业无关的事情如帮助购物、买菜、家务清洁、修理下水道等，往往紧贴案主直接需求，很容易获得案主的认可与信任。这一做法或许并不符合学院式教学，但十分有效。其实仔细思索，这未尝不符合“人在情境中”的社工专业理念。正如一位在内地从事督导的香港社工所认为的那样，社工要获得社会认同，能力是根本。社会工作的专业能力在当下内地的真正体现，不能靠西方国家和港台地区的经验证明，而要靠本土实践点滴实现。

最后，社工机构要充分把握项目机遇，敢于迎难而上。对于社会工作项目，大多数社工机构并无过多的选择空间，毕竟机构的运行在当下主要依靠的是政府购买服务。因此，在当下社会工作的总体发展态势呈现时不我待的情况下，专业社工机构要善于捕捉机遇，去做一些看起来并不容易完成但符合社会需求的项目。社工介入低保家庭这一项目的服务对象是低保人员这一社会边缘群体，尽管国家在此方面的资金投入近年来不断加大，但社会关注度却并不高，存在诸多需要深入探讨的问题。在新形势下，如何做好低保工作，成为相关政府主管部门关心但却难以抽出专门力量予以深入研究的问题。七彩昀正是在这种情况下承接这一项目的。之前不少专业人士也给出了善意的提示，这个项目与一般社工项目相比，实施过程会很复杂，付出要多，但效果显现慢。但当时的七彩昀抱着初生牛犊不怕虎的想法，毅然决然投身项目实施当中，想方设法克服各种困难，硬是将面临的种种难题一一解决掉了。其间体现出来的这股不畏难、肯吃苦的精神，正是当下中国本土专业社工机构本土实践中弥足珍贵的品质。

当然，七彩昀的实践也说明，专业社会工作机构项目选题要契合时代脉搏、符合社会需求、有助于社会和谐稳定，而要想获得社会认可，除上述原因外，也离不开政府相关主管部门的重视与大力支持。

七彩昀：社工机构成长这一年

樊建兵

转眼间，北京市朝阳区七彩昀社工事务所已经于紧张忙碌中走过了第一个年头。这一年，作为机构的发起人，我有幸参与了机构从筹备到成立和项目运行的全过程，见证了我们年轻社工团队的每一次挫折和成长，最终收获的是服务对象的信任和理解。这些点点滴滴中，凝聚着年轻社工们辛勤的汗水，服务对象每一点积极的转变，都让我们增强了对这份职业的归属感和自豪感。

机构筹备

回想起来，七彩昀的成立于偶然中存在着必然。2006 年，我因工作需要参加了民政部组织的一次赴香港的社会救助工作培训班。其间我参观考察了香港多家知名社会组织，第一次与专业社工产生交集，近距离感受到了社工与案主之间的和谐和信任，香港社工在专业理论方面的严谨性以及个案、小组等工作方法的有效性都给我留下了非常深刻的印象。此后，因工作关系，我又先后结识了北京社会管理职业学院社会工作系主任陈洪涛等几位有志于专业社会工作的老师，从开始认识到相互熟悉，再到为了共同的社会理想而酝酿发起成立一家专业从事社会救助的民办社工服务机构。

经过长期的探索和紧张的筹备，依托北京社会管理职业学院社工系的专业资源支持，七彩昀社会工作事务所终于在2011年4月18日正式成立。七彩昀是一个美丽的名字，昀，代表着阳光，七彩则蕴寓着希望和美好！我们希望能用我们的社工精神和专业服务促使这个社会走向进步，启发每个公民潜藏的悲悯之爱、助人之忱，实现人性善的良能传递。七彩昀致力于为贫、苦、疾、难等特殊群体提供长期济助和急难帮救，致力于困难群体的合法权益保护及法律援助。

承接低保项目

"朝阳区低保家庭社工介入服务及社会支持网络建设"系朝阳区民政局2011年度重点理论调研课题，也是七彩昀所承接的第一个专业社工服务项目，于2011年7月被列入了朝阳区政府购买社会组织公共服务项目名单，区社会建设工作办公室提供了全额的项目资金和5个专职社工岗位经费。项目的长远目标是运用专业社会工作手法解决城市贫困问题；阶段性目标是通过专业社工介入，帮助低保家庭摆脱贫困文化的影响，促进认知转变，改善家庭的微观、中观和宏观系统，消除影响家庭功能正常发挥的负面因素，增强社会互动，提高其社会交往和利用资源的能力，协助他们走出困境，回归社会正常生活。

在团队的共同努力下，我们圆满实现了既定的任务指标，面向5个街道的试点社区内100户低保家庭提供了专业社工服务。项目实施过程中，社工综合运用了社区、小组、个案等多种专业方法，围绕低保家庭的各类实际需求，帮助服务对象解决了诸如婚姻矛盾、子女教育、老人赡养、就医就业、心理认知、家务帮助等实际困难。全年累计入户访谈957次，平均每户达9.57次，建立专业服务档案100份，与其中91户服务对象确立了专业助人关系，完成普通个案75例，重点个案16例，开展各类社区活动47次，提供各类志愿服务360余次。项目直接受益群体约500人，间接受益群体2618人次，各试点社区围绕低保家庭的邻里、社区、社会三级支持网络已初步形成。

2012年7月，我们举办了项目成果展示会，邀请了20余名服务对象、各试点社区居委会干部和街道办事处主管领导对项目进行综合评价。服务对象对社工的服务给予了充分认可。参会居委会干部和街道领导纷纷对项目表示了肯定，希望项目能够在下一年度延续。同月末，项目以优异的成绩通过了终期专家评审，受到社会各界好评。

虽然社会救助是专业社工工作的传统领域，但是由于服务对象问题错综复杂，其形成非一日之寒，解决时也就不能仅凭一日之功，所以项目的难度以及对于一线社工的专业能力要求还是非常高的。因此，在项目成绩的背后，却是一线社工所付出的艰辛努力和对专业价值理念的执着坚守。

项目节点的突破

低保群体的构成非常复杂。既有残障人士，也有健全者；既有老人，也有青年、儿童，同时还包括一定比例的危重病患者、精神疾病患者、"两牢"释放人员，几乎涵盖了社工工作的各个专业领域。而机构的专职社工却大都是社工系刚毕业的学生，缺少实务经验和生活阅历，在处理服务对象的各种问题时倍感吃力，曾经无所适从；同时低保家庭面对年轻的社工时，也往往会对他们的能力产生怀疑，从而影响到专业信任关系的建立，继而影响到介入服务的质量。为了解决这个问题，我们将近花了4个月的时间才逐步与服务对象建立了专业信任关系。

首先，我们先确定重点个案对象，梳理出服务对象眼前最急迫的困难，先取得一些突破性进展，为这部分群体先解决和生活密切相关的实际困难。在这一阶段，社工经常开玩笑地说"想做社工，就先得去做小时工"，帮做家务、代买菜、疏通下水、维修门窗、陪同就医、课业辅导……这些看似与专业社工并不靠边的事情，却为以后建立专业关系奠定了良好基础。在服务对象切实感受到了社工所带来的实惠后，通过社区居民之间的口口相传，让居民和服务对象认识到机构和社工的能力，从而吸引更多的服务对象主动来寻求帮助。

其次，我们加强了对一线社工的培训和督导，尽可能地提高他们的专业能力。督导老师从最基本的东西开始手把手地教这些社工，同时发现和鼓励他们的优点，关注他们的负面情绪并进行合理的疏导，经常性地带领社工进行专业反思，充分调动社工开展工作的主动性和自觉性。

最后，机构陆续又招聘了3名有一定工作经验、具有社会工作本科学历、有助理社工师证书的一线社工，来提高队伍的综合素质和专业水平，积极开展同工督导，在团队内部形成了一种积极学习专业知识的氛围。

机构成长与发展

伴随着项目的推进，机构也实现了不断的成长和发展。在项目启动阶段，机构仅有3名专职社工，均为刚毕业的社工系大专生。而今天，机构现有专职社工6人，行政人员2人，其中研究生学历1人、本科学历6人、大专学历1人；一线社工里，具有中级社工师证书的有1人，具有助理社工师证书的有3人，具有二三级心理咨询师证书的社工各1人。北京社会管理职业学院社会工作系担任了机构的团体理事成员单位，为机构建立了专家督导团队，每周对机构一线社工进行为期一天的现场督导，每月对机构社工进行一次专业培训。从2012年1月开始，学院又长期派一名老师脱产到机构挂职担任主任，全面促进机构的规范化建设。机构同时组建了一支200人的志愿者队伍，根据服务对象的需求进行志愿服务的匹配。在项目实施过程中，社工发现低保家庭的很多成员不同程度地存在一些负面心理问题，为此，特意招募了15名具有二级心理咨询师证书的社会志愿者，长期面向有需要的服务对象免费提供心理咨询服务。项目中引入社会力量，使得围绕服务对象家庭的资源支持渠道不断拓展，成为项目顺利开展的另一个保证。

在项目运作中，我们也在不断学习借鉴其他机构的经验，并通过机构自身在工作中的摸索，逐步开始建立了机构自己的相关制度。例如，财务制度、人事制度、档案制度、志愿者管理制度等，建立了科学合理的社工激励奖惩机制。这些措施都有效保证了我们的机构与项目能够逐步走向规范，确保了项目目标的有效完成。

机构运作中的问题

一是机构缺乏运转经费与机构急需规范化建设的矛盾。民办社工机构兴起于最近几年，由于服务理念和工作模式与传统政府主打天下的社会服务方式的区别，使得它成为当前社会管理体制转型和创新的重要力量。但是这些民办机构大多成立时间过短，普遍在规范化建设方面存在不足。目前民办社工机构还不足以形成自己的造血功能，大多数依赖政府购买服务项目，但是政府购买项目预算中不允许列入机构运转成本，比如房租、水电、办公设备、其他行政和财务人员的经费等是没有出处的。这些对于民办机构都是很沉重的负担，可又是机构实现规范化建设所必需的。这一矛盾不解决，实现规范化建设就很困难。因此，促进民办社工机构的发展，在政府扶上马以后，还需要再送一程。可以在结项评审的基础上建立以奖促建机制，对项目效果优异的社工机构在运转经费方面给予一定的支持，帮助民办社工机构跨过规范化建设这个门槛。此外，从长远来看，建议政府借鉴购买经济类市场化服务项目的运作经验（例如工程类项目都是允许列入人工费和分摊管理费用的），对现行购买社会组织服务的政策进行调整，允许列入一定比例的运转经费，或者允许民办机构在项目预算中列入5%—10%利润比例。既然社工的专业服务是全社会受益，作为购买服务方的政府理当为此埋单，这样才能体现政府与民间组织的平等合作关系，同时也能够让社会组织的项目预算和财务收支透明化，让民办机构有正常的资金积累渠道，实现规范化建设这个必需的过渡。

二是政府购买民办社工机构服务项目，在申报、评审环节还需要综合、客观地评价项目所能带来的社会效益，而不是片面追求政绩效应。七彩昀是目前北京市唯一以社会救助为专业领域的社工服务机构。客观地说，做低保项目有一些受累不讨好，不如一些单项的社会工作很快就能看到立竿见影的效果。但是，解决贫困问题是政府的首要责任，也是社会的共同责任。项目所蕴含的社会价值和意义是毋庸置疑的，我们不能因为这些事情有难度就都不去做，这也是专业社会工作存在的社会价值。

一个低保单亲家庭遭遇的重重危机

桂敬娅

案例背景

基本情况：W（化名），男，47岁，系北京市朝阳区垡头×社区低保人员，2011年8月15日，由社区居委会转介给社工。社工经初次面谈后，与W建立了专业助人关系，确定以W的整个家庭为服务对象。

个人情况：（1）身体状况：W身高170厘米，但体重仅60斤，长期患有严重的腹泻，每天腹泻达到20余次，无法长时间站立，病因不明，待查。2011年11月7日在家摔倒，右上臂粉碎性骨折，需要尽快住院治疗。（2）情绪状况：W本人性格内向、孤僻，少语寡言，有时候会焦虑不安。（3）行为表现：W遇到不开心的事情总是憋在心里，表达倾诉的意愿不明显，基本不外出，不愿意与外界沟通。（4）精神症状表现：W思维清晰，未见精神疾病症状。

家庭情况：（1）基本情况：W现在与母亲和儿子一起生活，其中母亲70岁，儿子小磊（化名）今年19岁，职高在读。（2）经济状况：W每月领取1053元低保救助金，其母每月有1000元的退休金，家庭收入总计2053元，尚需支付母亲的药费和小磊的学费，生活非常困窘。三年前，因W父亲和他本人两次住院治疗，总共产生20多万元的医疗费，目前尚有约5万元债务未能偿还。（3）家庭成员关系状况：父子之间存在很深的矛盾，原因是W离异后，感情上受到打击，经常酗酒，对当时7岁的儿子经常打骂。但小磊与奶奶和姑姑的关系很好，奶奶对其比较娇惯，姑姑则一直在为他提供学费。此外，W还有一个哥哥，因涉及房产纠纷问题，两人关系紧张，基本不来往。(4)支持网络现状：W及其家庭非常封闭，基本不与邻居接触，曾经与老家的亲戚之间关系很好，但因为债务未还清，不好意思再来往。W的姐姐与其关系还可以，经常帮助W，但与哥哥关系很紧张。目前该家庭遇到的问题都是自己来承受，有时候也会向社区居委会寻求一些帮助。

重大事件：(1)1999年W与妻子离婚，受此刺激，经常酗酒，打骂儿子，导致儿子现在仍然对W有较深的仇恨。(2)2008年，W的父亲因癌症治疗无效死亡。同年，W因急性胰腺炎住院抢救，经抢救脱离生命危险，但身体始终未能康复，且每况愈下。(3)2011年11月，W在家中跌倒摔伤，右上臂粉碎性骨折，急需住院治疗，但因家庭经济困难无法就医。

问题的预估与分析

接案社会工作者根据入户访谈情况，认为案主家庭主要存在以下问题：

(1)家庭经济困难：W与儿子小磊均依靠低保救助金生活，小磊职高在读，有学费负担。W的母亲患有重度高血压，需要长期吃药控制，所以说经济困难是这个家庭面临的最关键的问题。

(2)医疗问题：W目前身体极度虚弱，需要尽快住院治疗，但他因医疗卡无法使用而不能享受医疗报销。因此，本案首先应采取危机介入模式，在最短时间内帮助W解决不能住院治疗的问题，有效控制病情的恶化。

(3)家庭问题：W的家庭关系存在纠缠和疏离，体现为父子之间的关系冷漠；而奶奶和姑姑又比较娇惯W的儿子，三代人之间的关系呈现纠缠与疏离、亲密与对抗的现象。这几种不良关系导致了W家庭的病态家庭结构，严重妨碍家庭功能的正常发挥。

(4)就业问题:W 的儿子即将职高毕业,但因学历偏低和劳动技能等因素,面临就业困难。而对于这个家庭,其子是唯一健康的劳动力,其就业直接关系到家庭经济状况的改善,所以需要社工对其给予必要的职业生涯的规划和辅导支持。

(5)社会支持系统问题:W 的家庭系统严重封闭,缺少与家庭系统以外的良性互动和必要的社会交往,难以与他人建立正常的人际关系,无法获得更多可利用的社会资源信息,而家庭原有的非正式支持网络,如亲朋关系又因为欠债而遭到破坏,难以发挥应有作用。访谈中,W 表示不知道自己同时还能享有医疗救助、就业扶助、廉租房、助学贷款等方面的配套救助政策以及相关申请程序,导致其亦未能完全得到正式系统的支持,如政府、社区层面的有效支持。

(6)心理认知问题:W 及其家庭成员因多次遭遇重大危机,存在着较多的负面情感。在社工入户访谈中,W 表现出消极、悲观、绝望、无助等诸多负面情绪,怀疑自己患的是绝症,不愿意主动到医院检查病情,感觉自己是家庭的累赘。

服务计划

第一阶段为危机介入期,时间安排为 15 天。阶段性目标为:(1)帮助 W 尽快住院治疗,查明病因,防止病情延误。(2)查清医保卡不能使用的原因,帮助补办相关手续。(3)向有关部门咨询低保政策,协助 W 向街道办事处民政科申请低保医疗救助及其他可以享受到的政策。

第二阶段为家庭治疗期,时间安排为 1 个月。阶段目标为:通过家庭治疗在家庭成员内部促进谅解,增进情感交流和相互关心,使每个家庭成员了解家庭中病态关系结构,厘清角色界限,建立新的规则。通过改变 W 在认知、行为方面的问题,改善家庭功能,产生治疗性的积极影响,达到家庭成员和睦相处、正常发展的目的。

第三阶段为增能赋权阶段,时间安排为 15 天。W 及家庭是处于社会底层的困难群体，缺乏实现自我利益主张的权利和能力。比如W仅仅知道每月到居委会领取低保金，始终不知道自己没钱看病还可以去申请医疗救助。阶段性目标为：培养W应对具体困境的方法和能力。

第四阶段为建立社会支持网络阶段，时间安排2个月。阶段性目标是帮助W在社区、社会层面建立社会支持网络。

第五阶段为结案阶段，时间安排7天。阶段性目标是评估介入的效果，处理好离别情绪，如W的状况良好，可以结案。

实施过程

第一阶段：紧急医疗救助

社工与W讨论病情，引导W关注自己的身体状况，发现W对住院治疗带有恐惧心理，同时也担心因看病而发生大额的医疗费用，导致家庭无法负担。再次入户时社工发现，W因身体虚弱不慎摔倒，导致胳膊剧痛无法行动。医生初步诊断为手臂粉碎性骨折。就诊过程中，社工发现W不能正常使用医保卡，具体原因待查。

W表示凑不齐住院押金，不想去医院治疗。鉴于街道办事处为W申请临时医疗救助和住院押金减免需要走法定的审批程序，而W的病情危急，社工机构帮助W联系办理了就诊医院和住院床位，垫付了住院押金和首期治疗费用，确保了W顺利住院治疗。同时，街道办事处按照特事特办原则，受理了W的临时医疗救助申请，第一时间将申请资料提交到区低保中心审批。

随后社工在街道社保大厅查询到政府按照低保政策为W缴纳了社保金，并查明其医保卡不能使用的原因是2008年北京推行低保对象社区首诊制度时，W未按照要求及时办理医疗卡的信息采集录入，导致电脑系统内没有他的信息资料。为了能让W尽快纳入医保范围，社工陪同他的家人多次往返于街道社保所、医院以及区劳动局社保大厅进行协调，帮助W重新申请办理了医保卡。

第二阶段：解开父子心结

W因儿子护理问题，多次与其子产生冲突，双方关系紧张。W情绪非常不稳定，一度放弃治疗，拒绝吃药输液。社工及时为他进行了必要的心理疏导，同时按照结构式家庭治疗模式，协助他对因此产生的非理性行为的原因进行了深度分析。通过往事回顾的方式，帮助W查找与儿子关系疏离的原因，同时对父子俩各自在家庭中的角色定位进行厘清，促进两人的有效沟通，帮助他们重新构建家庭规则，有效缓和了父子之间的关系。

其后，医院为W做了全面检查，确诊结果表明，W身体长期严重腹泻的原因仅仅是肠胃功能紊乱，未见恶性肿瘤等严重症状。鉴于W的特殊情况，考虑到接案社工缺少家庭治疗的经验，机构准备为W寻找一名更专业的家庭治疗师转介，以便进行下一阶段的家庭治疗。

第三阶段：开始了积极的生活并结案

W身体状况恢复尚佳，医院建议其回家静养，社工为其办理了出院手续。出院后W精神和身体状况良好，还主动给社区居委会和街道办事处赠送了锦旗。同时在社工的鼓励下，开始主动到小区里散步，积极参加社区的各项活动，表现出对改变自己生活状况的意愿非常强烈。

由于机构暂时未能寻找到合适的家庭治疗师对W进行下一阶段的治疗，同时W也表现出了相对稳定而且积极的发展态势，社工提出了结案申请。经机构同意，服务进入结案评估和与W离别情绪的处理阶段。

社工在结案回访时发现W情绪明显低落，虽然社工及时进行了离别情绪的处理，但未见明显效果。2012年2月，因春节休假，社工未能与W保持经常性探访。

第四阶段：病情恶化、案主去世

社工再次到W家进行回访，感觉到他情绪低落，其母亲表示W又恢复到了住院前的生活状态，不按照医嘱吃药，经常与母亲和儿子吵架。访谈中,W 也表达出对家人的态度非常失望,感觉活着没什么意思等消极情绪。社工将此情况向机构汇报后,决定延缓结案,重新为 W 提供必要支持。当社工再次入户时发现 W 病情较出院前又有所恶化,建议他尽快再次住院治疗,其母表示第二天会带 W 到医院先检查一下,再决定是不是住院治疗。

其后第三天,社工接到 W 母亲的电话,被告知 W 于当日去世。社工赶到 W 家中帮助其家人处理后事,为其母做了相应的哀伤辅导,说明了结案事宜。之后,社工对 W 的母亲和儿子进行回访,了解到 W 的儿子经过努力找到了一份销售的工作,已退出了低保。

评估

社工介入过程中,由于案主突发疾病,社工和机构进行了必要的危机介入,取得了较好的效果,有效防止了危机的进一步恶化,并且帮助案主家庭引入了各类社会资源提供社会支持。特别是在正式社会系统支持方面,及时将案主情况反馈到社区居委会和街道办事处,引起了政府部门的高度重视。社工同时协助案主申请到了临时医疗救助,帮助办理了医保卡,使其能够顺利地纳入医保范围,帮助其家庭减轻了医疗费用负担。应该说本阶段的服务目标得以完整地实现。

但是在危机介入之后的家庭治疗阶段,虽然社工尝试着进行了一些心理疏导和家庭关系调适,也取得了一些积极的效果,案主也出现了一些非常积极的转变,但是本案社工是刚刚毕业的学生,在社会经验和专业能力方面都存在一些不足,案主在出院后,未能对其提供进一步的持续性支持,而机构也因为成立时间比较短,社会资源相对匮乏,也未能帮助案主寻找到更加专业的家庭治疗师进行转介治疗,因此家庭治疗期间的目标未能很好地实现。

由于案主突然离世,社工将目标调整为对案主家人的哀伤辅导,取得了一定的效果。通过社工介入,案主母亲的悲伤情绪得到缓解;

社工与案主的儿子一起进行职业规划，顺利引导案主儿子实现主动就业并退出了低保，让这个家庭未来生活有了一个新的开端。

专业反思

(1)本案社工通过运用危机介入模式、家庭治疗模式等专业方法取得了一定的积极效果，但社工在干预和介入过程中也暴露出一些问题和不足。如社工对于家庭结构治疗理论和方法的运用不足，缺乏相应实务经验；对于专业关系的处理稍显不足，忽略了反移情对于社工专业服务的干扰，过于深度地介入了案主的家庭情感纠葛。本案案主因离异造成了较为强烈的感情挫折，而案主的家庭中又长期缺乏女性角色，导致案主和儿子不自主地对社工产生了情感依赖心理。虽然初期因社工女性角色的介入，引发案主及其家庭成员出现短暂的正面激励作用，但这种依赖是非理性的，让案主缺乏自主性，后期社工也因此而陷入反移情的困境，难以正常开展服务。

(2)在进行了初步的家庭治疗并取得了一定的积极成效时，社工意识到自身专业能力的不足已经影响到家庭治疗的效果，应该及时转介到专业从事家庭治疗的机构或社工，进一步强化和巩固治疗效果。但是，由于社工和机构都缺乏相关资源，导致后期案主在社工结案退出阶段缺少有效支持而出现了受挫——后退现象。

(3)最终案主的过世，导致了本案社工对自身专业能力产生了极大的质疑，内心认为是自己未能对案主给予持续支持，以致案主再度丧失了生活的勇气和信心。虽然机构督导为社工进行了相应的心理干预和疏导，但最终该案社工还是因无法摆脱内心压力而选择暂时离开社工岗位。

(桂敬娅，23 岁，毕业于北京青年政治学院社会工作系，七彩昀社会工作事务所垡头×社区一线社工)

从社交恐惧到融入社区

——对一例癫痫症低保患者的个案介入

许永霞

案例背景

服务对象辰辰(化名),女,40岁,初中文化,离异,无子女,患有外伤性癫痫,现认定为二级外伤性残疾,需要长期服药。辰辰曾患中度抑郁症,现虽无明显抑郁症状,但情绪起伏比较大,易受外界影响。辰辰平时的主要活动是一个人逛书店及看新中国成立时期领袖人物传记和光盘,很少出去与外人沟通。2006年9月,辰辰申请了城镇低保救助,每月领取520元低保金,另有残疾人补贴每月100元。

辰辰有父母、弟弟、弟媳。辰辰与父母同住,弟弟和弟媳住在楼上,都保持较好的关系,但偶尔会有冲突。辰辰经历过两次婚姻,均以离异告终,目前与前夫无任何联系。辰辰在两次婚姻中都未生育。她与父母双方的亲戚都有一定的联系,偶尔也有小矛盾。

辰辰每月的救助金是620元,辰辰父母的退休金每月4600元。辰辰的主要支出是买书和光盘,日常生活开销和医药费用均由父母承担。

辰辰的重大事件:9岁时,两次摔伤后脑导致外伤性癫痫;初中时,因外伤性癫痫退学,当时国家政策不允许高中录取患有癫痫病的学生;32 岁时与第一任丈夫因感情破裂在经历了 6 年的婚姻生活后离异,离异前因过度伤心跳河自杀未遂,之后患抑郁症,在婚姻存续期间曾遭受家庭暴力;35 岁时与第二任丈夫有短暂的婚姻,因丈夫及其家人对辰辰冷漠,且也存在家庭暴力,婚姻无法维持;2007 年,辰辰曾在所居住小区内要求参加社区值班等工作,因居委会考虑到辰辰的癫痫病发作问题谢绝了辰辰参加。

个案来源:辰辰系社区低保户,2011 年 8 月 31 日经北京市朝阳区左家庄北里社区居委会转介给七彩昀社会工作事务所。社工经面谈后,与辰辰建立了专业助人关系,确定以辰辰为服务对象,以其重新回归社会作为评估问题和社会工作介入的重点,开展个案社会工作。

案例预估与分析

接案社工依据入户访谈情况,对辰辰的问题进行预估,认为其主要存在以下问题:

(一)社交恐惧

辰辰的社交恐惧源于幼时的不良经历和社会对癫痫病人的歧视。辰辰在成长和生活的过程中,因外伤性癫痫不时发作而被外界投以异样的目光,辰辰感到被歧视,遂很少与外界交往。在上学期间,集体活动她总是被排除在外的;在日常生活中,当辰辰出去遛弯时,邻居也不愿与其同行。种种经历,使辰辰渐渐地封闭自己,不敢与外界交往,同时她也存在自卑心理,不知道如何与外界交往。

(二)对异性恐惧

辰辰对异性的恐惧源于两次失败的婚姻,尤其是第一次,使辰辰产生了对男性的非理性信念。第一任丈夫是辰辰经历过自由恋爱才走入婚姻的,但是在婚姻存续期间,辰辰遭受了家庭暴力,前夫不工作,还依靠辰辰的经济支持。离婚前,辰辰曾跳河自杀未遂,导致其前夫无法得到辰辰名下的房产,前夫很恼怒,曾说“你怎么没死啊,要不要再跳一次河啊!”之类的话伤害她,辰辰因此心情长期抑郁。在目前的社会中,婚恋观较之以前有着很大的变化,这使辰辰无法接受,更不敢再相信异性,对于异性有恐惧心理。

(三)家庭成员沟通不畅

辰辰与父母、弟弟、弟媳能保持一般的沟通,但是因为辰辰长期不接触社会,对于一些问题的理解上与家人存在分歧,辰辰感觉“不被理解”。

辰辰与母亲的沟通还算顺畅,但偶尔有些摩擦;与父亲沟通不畅,其父要保持父亲的权威,当他说的一些东西不被辰辰所理解和接受时,他会对辰辰发脾气,甚至动手。辰辰的弟弟与弟媳与她接触的机会不是很多,基本能心平气和地沟通。辰辰的家庭系统内部时常因沟通不畅会有些小摩擦,但是不至于影响家庭功能的发挥。

(四)社会化中断和社会支持网络的匮乏

辰辰因外伤性癫痫退学,从未参加工作和很少参与社会活动,她的社会化过程是被中断的。辰辰过度沉迷于革命时期的人物传记,对现在的社会没有清晰的认识。辰辰长期处于“被歧视”“被排斥”和“被照顾”的状态中,习惯了不与外界接触,习惯了被人照顾,存在“我是一个病人”的心态,对于自己的能力没有较清晰的认识,对自己力所能及的家务也不主动参与,家人也以“病人”的态度对待辰辰。社工在与辰辰的接触过程中发现,辰辰是有一定的生活自理能力和社交能力的,但是缺乏自信,有意识地在退缩,不敢发挥自己的能力,因此,需要重新回到社会化的过程中,再社会化。

辰辰的社会支持网络是极其缺乏的,在非正式支持网络中,只有家人和亲戚,没有朋友、同事和邻里;在正式的社会支持网络中,社区、社会、社会组织和政府的支持是完全缺失的。扩建辰辰的非正式支持网络和建立正式支持网络,将是社工介入的最终目标。

服务计划

基于辰辰的问题,社工以"人在情境中"理论、理性情绪疗法、优势视角理论和增能理论、社会支持网络和系统脱敏等理论和方法为基础,拟订了初步的服务计划。

(一)总体目标

疏导辰辰的情绪,缓解辰辰对社交和异性的恐惧;从心理和语言上引导辰辰理性认识到自身的优势与问题,增强辰辰的能力;改善辰辰与周围环境系统的互动关系,减少影响家庭功能发挥的负面因素,这是要解决的问题。社工整合各种资源,为辰辰融入社区和社会提供途径,协助其进入再社会化过程,扩大社会支持网络。

(二)阶段性目标及服务策略

本个案的特殊之处是辰辰的情绪不稳定,容易受到外界的影响,情绪疏导贯穿整个社会工作介入服务过程。

第一阶段的目标是建立信任的专业关系。介入策略是以辰辰的兴趣爱好作为切入点,陪同辰辰去书店、抗战纪念馆、讲述开国领袖故事等,促使专业关系的建立。

第二阶段的目标是让辰辰理性认识自身的优势和问题,缓解对社交和异性的恐惧,增强自信心。具体策略是运用理性情绪疗法对辰辰的非理性信念进行识别和辩论,协助她克服非理性信念,减少辰辰的情绪和行为困扰;运用优势视角发现辰辰的优势并给予肯定,以期增能;运用系统脱敏方法,借助机构内部的活动和在社区开展的新春系列活动,增加辰辰接触社会和异性的机会,有步骤地缓解其对社交和异性的恐惧心理。

第三阶段的目标是促进辰辰生活自理能力的提升,与家人、外界有良好的沟通和互动,增强辰辰的能力,使其进入再社会化的进程,扩大社会支持网络。具体策略是社工运用"人在情境中"理论,与辰辰的家庭、社区、朋友、邻里等社会支持网络一起工作促使辰辰的改变。社工鼓励辰辰参与到家庭日常生活照顾的活动中，利用“家庭作业”的方式监控其在生活照顾内容方面的学习、练习和具体实施情况；社工引导辰辰参与社区和社会组织的活动，并及时肯定其进步以增进其信心。

第四阶段的目标是巩固辰辰的成果，社工的角色慢慢淡出，让辰辰进入自助。具体策略是社工减少访谈次数，间接观察辰辰的服务效果保持状况。

计划实施过程

整个个案工作过程，社工与辰辰访谈 34 次，她参加机构活动 10 次，小组活动 7 次。社工依据辰辰的情绪波动或者周围环境的变化，调整服务计划，但总体的目标基本没有变化。由于与辰辰的访谈次数较多，辰辰参加机构和社区的活动较多，社工试选每个阶段较为重要的工作作出说明。

（一）与辰辰建立专业关系

在与辰辰的接触过程中，曾出现过社工更替的情况，而且辰辰本身比较封闭，新社工介入之后，需要重新与其建立专业关系。

社工以辰辰的爱好作为切入点，在此基础上与辰辰建立专业关系。社工与辰辰一起参观中国人民抗日战争纪念馆（辰辰近几年一直想去但没有去成的地方），发现辰辰不仅喜欢抗战时期的书籍、光盘，也喜欢抗战时期的音乐。辰辰的生活自理能力得到一定程度的发挥，如可以自己查找乘车路线和了解购票程序等。

（二）辰辰的情绪疏导，家庭沟通关系的正向引导

2012 年初，社工的访谈主要是疏导辰辰与家人、亲戚间因争执产生的情绪问题。社工在倾听过程中，间接地引导辰辰认识自身的非理性信念，与辰辰探讨与家人的沟通方式，让辰辰试着学会“换位思考”，理解家人，尝试让辰辰学会同理心。社工发现辰辰开始有主动求助的意愿，并开始承担力所能及的家务。

(三)缓解辰辰对社交和异性的恐惧

社工主要采取系统脱敏方法缓解辰辰对社交和异性的恐惧,首先社工邀请辰辰参加机构内部的活动,并有意将辰辰安排在男性社工的身边就座,辰辰虽然感觉陌生,但是勇于尝试。其次,辰辰参加机构在社区举办的活动,虽有母亲的陪同,但也是辰辰向社交活动又迈出了一步。在"新春年夜饭"的活动中,辰辰与一位男性服务对象有良好的互动,并未表现出恐惧。再次,在"包汤圆,送温暖"的活动中,辰辰单独参加并积极参与,进一步缓解了其对社交和异性的恐惧并且增强了辰辰与外界交流的自信,为其进入再社会化的进程奠定了基础。

(四)增强辰辰的能力,使其进入再社会化的进程

辰辰购买手机之后,社工教会她操作手机,如接打电话、收发短信、听音乐等,鼓励她积极学习其他新事物。当辰辰参与机构的小组活动时,社工鼓励她积极发言,使其慢慢地从听众转为参与者。

(五)巩固辰辰的成果,让辰辰自助

2012 年 5 月,在辰辰参加母亲节单次小组活动和病友支持小组系列活动时,社工减少与其单独对话的时间,在个案介入的后期,社工主导的角色逐渐淡出,让辰辰独自来应对自身的问题,促使自助的目标达成。这中间虽然辰辰出现过些许的情绪波动,但是总体情况稳定良好。

(六)处理离别情绪,结案并跟踪服务

2012 年六七月间,处理离别情绪,结案并跟踪服务。辰辰曾经出现对社工的过度依赖,在结案过程中,社工谨慎处理与辰辰的离别情绪,将结案的过程拉长,在 5 月底对辰辰作结案说明,并在六七月间继续入户。辰辰在 7 月份参加机构的项目成果展,并作精彩发言,她的能力得到了进一步的发挥。社工对于辰辰的结案和跟踪,既保证了辰辰的积极改变,也让辰辰意识到并非"结案即不再见面"。

服务效果评估

(一)目标评估

经过社工介入服务,辰辰的情绪得到了缓解,由被动接受社工服务转为主动寻求社工帮助;从不愿意参加社区活动到喜欢参加机构和社区的活动,而且几乎每次都参加,由被动参与转为积极参与(在活动中积极发言),通过系统脱敏的训练,其对社交和异性的恐惧有所缓解;从不参与家庭的生活照顾到积极承担家务,生活自理能力有所提高;从"别人都不理解我"的心态慢慢转向"理解别人",改善了与家人的沟通方式,减少了摩擦的次数;同时开始主动学习接受有助于其融入社会和再社会化的新事物(手机);另外,她还积极参与志愿活动帮助其他人,提升其价值感和成就感,扩大了社会支持网络。

整体来看,本案最初设计的目标基本达成,但是关于非理性信念的部分涉及较浅,因为辰辰的情绪和疾病不适合特别激烈的辩论。

(二)过程评估

社工在介入服务过程中,能够在不同的阶段运用相应的方法,在建立专业关系阶段能够以辰辰的兴趣为着力点,在预估阶段能够全面、深入分析辰辰的问题;在介入阶段能够整体把握服务的进度并根据辰辰的具体情况作出适当调整;在结案阶段能够照顾辰辰的情绪有步骤地结案。

专业反思

此个案是机构第一个项目的首批重点个案之一,社工能够根据辰辰及其家人的具体情况,运用"人在情境中"、优势视角、社会支持理论和系统脱敏方法提供有针对性的服务,社工的实务能力得到了提升,实务经验得到了积累。但是社工在干预和介入过程中也暴露出一些问题和不足：

1. 社工对理性情绪治疗理论和非理性信念的辩论技巧运用不足。

2. 社工缺乏相应的实务经验，对专业关系的处理稍显不足，曾经出现辰辰依赖社工的情况。

（许永霞，28 岁，毕业于济南大学社会工作系，助理社会工作师，七彩的社会工作事务所左家庄北里社区一线社工）

实务篇

个案选编 1

寻找生命的宽度和厚度

——对一例渐冻人症患者的个案干预

摘要：本案主为渐冻人症患者。源于身患渐冻人症的生活现实，案主家庭现存的主要问题为：案主本人现今存在失落、绝望等负面及不良情绪问题（即缺乏生活规划、生存意义激励缺失的问题）；案主妻子面对绝症事实及生活重担产生的身心疲惫和神经衰弱的问题；案主女儿学习生活激励及情绪缓解的问题；同时案主家庭存在正式社会支持网络扩建及矫正的需求。接案社工每周三次定期入户探望案主，引导案主端正生活态度，合理安排作息时间，对案主进行生存激励，同时帮助案主处理一些日常事务。现案主能够正视自身病情，积极端正生活态度，调整作息时间。社工在入户过程中帮助案主处理一些日常事务在一定程度上减缓了案主妻子的生活压力，同时社工积极联系社区居委会及残联等部门，让居委会同残联重新看待案主疾病的特殊性，为案主争取更多支持。另外，社工以教案主女儿学吉他弹唱为切入点，对其进行学习生活激励，同时教会案主女儿用音乐舒缓自己及家人的负面情绪。

一、案主基本资料

（一）案主基本资料

案主阿卫（化名），男，45 岁，渐冻人症患者，初中文化，2001 年纳入和平街十四区社区低保。

（二）家庭成员资料

姓名	与案主关系	性别	职业	备注
高某	妻子	女	某机关职员	临时工
彬彬	女儿	女	某中学初二学生	
吴某	母亲	女	退休工人	老年智障

二、接案社工及个案来源

（一）接案社工

叶亮亮，24 岁，毕业于西南石油大学文法学院社会工作专业，助理社会工作师，北京市朝阳区七彩的社会工作事务所和平街社区专职社工。

（二）个案来源

案主为和平街十四区低保户，2012 年 2 月 2 日，经社区居委会转介给社工。社工经初次面谈后，与服务对象建立了专业助人关系，确定以阿卫为服务对象，作为评估问题和介入的重点，开展个案社会工作。

三、案主家庭背景资料介绍（个案简介）

（一）何为渐冻人症

渐冻人症是运动神经元疾病的一种，学名叫肌萎缩性脊髓侧索硬化症（简称 ALS），其特征是脑和脊髓中的运动神经细胞（神经元）进行性退化。运动神经元控制着使我们能够运动、说话、吞咽和呼吸的肌肉的活动，如果没有神经刺激它们，肌肉将逐渐萎缩退化，表现为肌肉逐渐无力以致瘫痪，致使说话、吞咽和呼吸功能减退，直至呼吸衰竭而死亡。由于感觉神经并未受到侵犯，它并不影响患者的智力、记忆或感觉。病情的发展一般是迅速而无情的，从出现症状开始，平均寿命在 2—5 年。这是一种恶性病，正如它的名字一样,得病的人像被冰雪冻住一样,丧失任何行动能力。但这个过程不是迅速的,而是身体一部分一部分地萎缩和无力。今天是腿,明天是手臂,后天到了手指,连控制眼球转动的微少肌肉也不例外,最终等待他们的是呼吸衰竭。不过,这一切都是在他们神志清醒、思维清晰的情况下发生的,他们清晰地逼视着自己逐渐死亡的全过程(以上内容摘自渐冻人张红的博客)。本案主阿卫即为渐冻人症患者,而在社工初次入户与案主建立专业服务关系时已是案主患病的第五个年头了。

(二)案主家庭基本情况

案主阿卫一家四口人,分别是案主母亲、案主夫妻以及案主女儿。据案主所述,案主在其24岁时曾患过糖尿病,并于五年前(2007年)出现渐冻人病征,现今上半身瘫痪,仅头部和脚可以正常运动。据案主介绍,案主本人如今已经出现吞咽困难,案主多次向社工提及自己恐怕将不久于人世,受疾病折磨现今负面情绪严重。案主父亲,参加过抗日战争、解放战争及抗美援朝战争,退役后,曾任北京市延庆县粮食局局长,并为原北京市劳教局局长魏相如的老部下。其父在案主9岁时因病过世,这对案主家庭是一个不小的打击;案主母亲为轻度智力障碍人士,于丈夫过世后两年改嫁,现今又同再婚配偶离婚,其患有老年痴呆症及高血压疾病,每日需药物维持病状。案主妻子,为煤炭集团一干部子女,家境较好,但由于长期支撑家庭并照顾案主,现今身体状况不太好,曾有过一次呕血的经历。案主女儿为北京市171中学初二学生,学习成绩中上,有偏科现象,英语较好,数学较差。案主母亲为国企退休职工,每月领取退休金1000多元。案主妻子为香河园街道办地税局临时工,每月收入1200多元。案主本人及女儿每月能够领取低保金共计1040元。另外,由于案主一朋友以案主的名义开了一间餐馆,所以本案主每月能从那里获得一定的资助。

四、问题预估与分析

（一）理论基础

依据优势视角在重大疾病患者个案社会工作中的运用，我们首先应该看到，第一，优势视角强调每个人、团体、家庭和社区都有优势（财富、资源、智慧、知识等）；第二，创伤和虐待、疾病和抗争具有伤害性，但它们也可能是挑战和机遇（那些为面包、工作和住房而抗争的人们是具有抗逆力和具有资源的，即便在痛苦之中，他们也期望取得成就）；第三，与案主合作，我们可以更好地服务于案主，所有环境都充满资源，注重关怀、照顾和脉络。以优势和资产为本的取向可以激发案主和工作者的乐观情绪、希望和动机。

另外，艾里斯的理性情绪治疗法认为，人的情绪和行为障碍不是由某一激发事件直接引起的，而是由于经受这一事件的个体对事件本身的不正确的认知和评价所引起的信念，最后导致在特定情境下的情绪和行为后果。

（二）问题预估

通过多次入户案访，接案社工结合机构及社工可介入角度现将案主家庭所面临的问题进行以下总结：

1. 由渐冻人症引发的案主本人失落、绝望等负面及不良情绪的问题（即缺乏生活规划、生存意义激励缺失的问题）。渐冻人症患者为自杀高危人群。伴随着疾病而来的身体逐步瘫痪的事实而思维却愈发活跃的症状构成了案主身心之极度的不协调，由此产生失落、绝望等负面情绪便是不可避免的。对于抗压能力、心理承受能力强者而言，生活可艰难维持，而对于不堪重负者而言，面对不可避免的结局以及残酷的现实生活，许多病患者往往以选择结束生命的方式来面对困苦。案主曾多次有过轻生的念头，后因家人的细心照顾及朋辈间的关爱而打消。但是，案主告知社工其已十分疲惫，不想抗争亦不想也没有能力以过激的方式结束生活。据社工观察，案主平日情绪状况良好时与一般残障患者没有什么区别,但是不排除在案主遇到特殊事件刺激时可能再度引发自杀等过激行为。

2. 面对死亡的恐惧而造成的案主内心深处孤独现状的问题。死亡是一个十分孤独的过程,当事人只能自己去面对这一注定的结局。然而当事人亲属往往会因为惧怕死亡或不愿接受事实(确切地说,这是惧怕死亡的一种表现)而在潜意识里拒绝同案主谈论此类敏感的话题,这往往也容易造成案主内心深处更加孤寂的生活现状。

3. 案主女儿面对父亲死亡逼近的事实而引发的恐惧、绝望、低沉等负面情绪及其可能引发的学习期间注意力不集中以及以灰色视角看待人生等欠佳行为问题。在社工与本案主的介入服务过程中,社工与案主建立了较为深入的专业关系,但受案主女儿日常上课时间与社工工作时间重复等现实问题的影响,社工本人与案主女儿接触时间有限,然而受案主的委托接案社工曾阅读过案主女儿写的随笔和诗词,当中存在绝望、累、失落、不堪、黑白等携带大量负面情绪的字眼,并且其诗词创作多数以雨为题材。另外,据案主说,案主女儿学习成绩中等,其学习的用功程度也远没有达到案主的期望值。社工由此分析,案主女儿受此种家庭氛围的影响,或多或少都会带着上述不良情绪及问题行为。

4. 案主妻子面对丈夫绝症事实及生活重担而产生的身心疲惫和精神衰弱的问题。据案主表述,妻子工作繁忙,但是多年来对案主不离不弃,悉心照顾,每日下班后拖着疲惫的身躯,回家还得照顾案主饮食,陪同案主散步。给社工印象最深的是,案主妻子经常忍着困倦陪案主聊天解闷,日平均睡眠时间较常人少,且睡眠质量不高(由于案主上半身瘫痪,身体无支撑点,夜晚睡觉时若是翻身鼻子向下则无法自行翻过身来,案主妻子正是担心此类问题所以入睡时保持较高的警觉性,因此很难进入深度睡眠,睡眠质量不高)。此种生活状况,短期尚可,长期如此必定会引发身心及精神各类疾病。

5. 正式社会支持网络扩建及矫正的问题。据社工从居委会及残联了解，十四区居委会及残联现今对案主病情的严重性并没有做到科学及充分的了解，许多工作人员将其作为一名普通肢体残障人员对待。渐冻人症患者需要得到社会的理解和支持，而与本案主关系最为密切的正式社会支持网络除了七彩昀社工机构，就是社区居委会以及社区残联，所以上述机构工作人员的态度和认识有待转变。

（三）问题分析

1. 导致案主生活现状的重大事件：案主24岁时患上糖尿病，需每日注射糖尿病药物；2007年被北京市第三人民医院神经科医生诊断患有肌萎缩性脊髓侧索硬化症；另外，小时较早辍学并曾经两度入狱。

2. 从优势视角看待渐冻人症及其引发的不良情绪问题。面临绝症带来的注定的事实以及绝症本身对患者身心的摧残，案主由此引发的各种负面情绪事实上是不可避免的。然而，从优势视角来看创伤和虐待、疾病和抗争，它们虽具有伤害性，但这也可能是挑战和机遇。事实上案主长期面对渐冻人症的事实而并未放弃生存，从优势视角上来看，案主及案主家庭具有极强的抗逆力。案主如果能够升华其生存价值，利用案主及其家庭顽强生存的感人事迹不仅感动身边的人乃至社会，同时案主发挥生命余热，以生命影响生命正好能够构成案主未来生活规划及生存意义激励的重要组成因素。

3. 从渐冻人症的根源来看待案主的妻子所面临的困境。显然，案主伴侣面对上述身心疲惫及精神衰落现状是由案主渐冻人绝症引发的。然而艾里斯的理性情绪治疗法认为，人的情绪和行为障碍不是由某一激发事件直接引起的，而是由于经受这一事件的个体对事件本身的不正确的认知和评价所引起的信念，最后导致在特定情境下的情绪和行为后果。社工由此分析针对案主妻子身心及精神健康现状，应该从案主本人、渐冻人症的事实以及案主妻子的认知三方面着手进行个案介入。案主情绪低落时所产生的不良情绪之释放往往容易加重案主妻子的身心疲惫及精神衰落程度。换句话说，即案主是其妻子面对苦难选择支撑下去的精神支柱，所以案主的积极向上的情绪将会是缓解案主妻子生活压力的一剂良药；同时，引导案主及其妻子理性看待渐冻人症的事实，转变不良认知也将极大地帮助案主及其妻子走出生活的阴霾。事实上造成案主家庭生活现状的这些问题是环环相扣的，某种程度上它会形成一种恶性，并循环不断地加重案主家庭的生活负担。也正因为如此，若能在一个环节上打开局面或许接下来的问题便可迎刃而解。

4. 年轻的女儿过早地面对父亲死亡逼近的事实从而引发的恐惧、绝望、低沉等负面情绪及其可能引发的学习期间注意力不集中以及以灰色视角看待人生等不良行为的预防。如上所述，成人在面对死亡时，其接受能力尚且有限，案主女儿作为一名国家级重点中学学生，尚未成年，对于一切事物本该怀有美好的幻想和憧憬，然而生活的现实在对小女孩造成极大压力的同时也逼迫着小女孩快速地成长，而在这个过程中，小女孩是需要情绪释放以及科学引导的。案主女儿多才多艺，擅长诗词写作，同时也热爱音乐。案主曾告知社工，其女儿想学习吉他弹唱，而本案接案社工有此基础，社工由此分析可以以教案主女儿学弹吉他为切入点对其进行情绪释放和成长引导。

5. 面对死亡的恐惧而造成的案主内心深处孤独现状的问题分析。如上所述，死亡是一个十分孤独的过程，当事人只能自己去面对这一注定的结局。然而，当事人亲属往往会因为惧怕死亡或不愿接受事实（确切地说这是惧怕死亡的一种表现）而在潜意识里拒绝同案主谈论此类敏感的话题，这往往也容易造成案主内心深处更加孤寂。与上述问题相关联，社工对于此类问题的介入可由社工当前的定期入户陪伴做起，相信与案主合作，可以更好地服务于案主，所有环境都充满资源，而以优势和资产为本的取向可以激发案主和工作者的乐观情绪、希望和动机。

6. 案主家庭正式社会支持网络扩建及矫正。居委会及残联与案主关系密切，身为城市最低保障线内的救助对象，社区及残联对于案主的每个举动都会对案主的既得利益产生巨大影响，所以社工需要在居委会及社区残联工作者当中进行关于案主病情及目前生活状况的汇报。

五、社工的介入目标及服务策略

(一)长期目标

帮助缓解及改善案主及其家人的情绪状况,以优势视角进行介入,帮助案主及案主家人正确看待疾病本身及生活现状;升华案主生存意义,对案主进行生存意义激励,引导案主积极面对人生;协助案主亲人进行情绪释放及合理规划未来生活。

(二)阶段性目标和服务策略

此服务策略是在社工与案主专业关系建立后以及社工入户案访工作(即个案问题调查阶段)完成后拟定,所以本个案负责社工在此仅对上述问题进行个案服务计划安排。

1. 第一阶段

针对正式社会支持网络扩建及矫正的问题,社工在首次入户后便将案主目前面临的困境以及其疾病的严重性向居委会及残联工作人员进行说明。后来朝阳区残联领导上门看望本案主,及社区对本案主病情进行重新认识,就是由此而来的。事实上对于本案主的社工介入服务工作并不是一个完全按照严格的助人程序进行的,确切地说这是一个建构的过程。

2. 第二阶段

计划开始实施时间:4 月份第二个星期内开展。

具体服务计划:针对案主由绝症引发的不良情绪的问题,社工第一层次工作将通过入户访谈的形式,结合艾里斯的理性情绪治疗法,向案主说明科学对待疾病的方法,和如何合理看待疾病本身。同时为案主带去一些针对渐冻人症本身的日常生活饮食和护理建议,并教授案主一些自我调适和解压的方法。在对第一层次工作完成评估后,社工将适时对案主进行自我认知引导,同时与案主一道升华案主生存意义，对案主进行生存意义激励，必要时可借助媒体的力量完成生存意义之升华。

3. 第三阶段

计划开始实施时间：4 月份第三个星期内开展。

具体服务计划：在第一阶段工作的基础上，针对案主妻子的身心压力问题及不良情绪问题，社工日常可通过目前正在进行的每周一、三、四的固定陪伴帮助案主解决一些交水电费以及上医院取药等问题，由此来缓解案主妻子的一些生活负担（此前社工已多次帮助案主处理上述事宜）；同时，通过陪伴引导案主在日常生活中呈现积极向上的生活态度，由此帮助案主妻子缓解生活压力，引导案主对其妻子进行情感支持。

4. 第四阶段

计划开始实施时间：依案主女儿具体休息时间而定。

具体服务计划：根据案主女儿的具体休息时间，社工以教弹吉他的方式介入案主女儿的世界，对其进行情绪释放、引导及成长陪伴。

六、个案服务实施过程

（一）专业关系之建立

2012 年 2 月 13 日下午，首次入户进行案访了解本案主基本情况。接案社工在了解案主基本情况后（渐冻人症患者的现实情况）决定每周一、三、四下午对其进行案访，旨在了解案主具体生活信息的同时，对该案主进行情感关怀陪伴、生存激励及健康生活情绪引导。

（二）专业关系之深化及案主家庭成员问题预估

2 月 16 日下午及 3 月 19 日下午，接案社工陪同案主阿卫上安贞医院为案主母亲取药，帮助案主家庭解决一些实际困难。相信社工的定期陪伴，能够为案主家庭解决一些日常生活琐事，相对减轻案主妻子的照顾负担。

2 月 20 日，接案社工首次陪同案主到案主妻子办公地点与案主妻子进行会谈。在建立专业关系的同时，社工结合案主先前所述对其妻子的日常生活状况进行了初步的评估。

2月22日下午，社工在入户过程中向案主提出为案主拍摄社工介入服务纪录片的想法，案主表示愿意，但需同其家人商量。

2月23日，社工带领事务所总干事案访阿卫，观看案主生活相册及案主女儿日常随笔。社工在此次入户首次对案主女儿的生活世界进行了相关了解，初步总结案主女儿现实生活状况和情感世界。同时，本次入户案主告知社工其与家人商量为其拍摄一事的想法，对家人产生较大的情绪波动，案主本人有此意愿，但当下决定将此事拖延日后再说。

3月7日，由于案主手脚不便，社工陪同案主去银行交水电费。在此过程中案主主动告知社工其银行卡密码，案主对社工的信任程度由此可见。

6月5日，案主由于脚意外受伤行走不便，受案主所托，社工下午为案主母亲去安贞医院挂号取药。

（三）案主家庭正式社会支持网络矫正及扩建

事实上，社工在首次入户后便将案主目前面临的困境以及其疾病的严重性向居委会及残联工作人员进行过汇报。十四区残联工作人员付阿姨对此十分重视，及时向朝阳区残联上报阿卫的情况。3月16日区残联工作人员上门看望了阿卫，送来慰问品，还带来了精彩的表演。应本案主的要求，社工陪同案主一起经历了此次领导慰问的全过程。

（四）通过成功引导化解案主同社区残联工作人员之间的矛盾，培养案主助人情怀，升华案主生命意义

3月22日下午，案主对区残联领导在看望他时赠送其握力器一事较为不满（案主双手瘫痪，根本无法使用握力器），认为社区残联没能将其具体情况上报至区残联，同时觉得此事过于行政化，气急之下决定将区残联所送之握力器归还给社区残联。后经社工劝导，案主

情绪有所缓和,决定将握力器转送给本社工经手的另一低保户孙某(孙某为肌无力病症患者)。这一件事中,社工成功引导案主关注服务他人,事虽然平常,但背后隐藏着重大意义,“助人自助,受助者而后助人”的思想在这一件事中能够得到一定的体现。

3月22日下午,通过多次入户,社工发现平常工作日下午为案主无人照管的“真空期”,由此社工在每周一、三、四下午固定陪同案主已成为固定的工作模式。鉴于社工与本案主专业关系建立较为扎实,接案社工本次入户邀请案主参观七彩昀社工事务所,以此加深双方的了解,在陪同案主的同时,更进一步地加深救助双方专业关系的建立。另外,社工希望通过此举向案主说明社工的日常工作模式,以减轻案主对社工的依赖(通过多次案访,社工发现案主对社工存在一定的依恋情结,具体体现为案主在社工下班后邀请社工吃饭、固定陪同日时提前等待社工出现、关心社工介入服务项目的截止时间及社工的个人去留问题)。

(五)社工巧用各项专业技能化解案主孤寂感,缓解案主心理压力

3月28日下午,此次入户社工主要目的是陪伴案主,缓解其孤寂感。入户过程中,案主邀请社工在案主小姨子的车上听音乐。在听歌过程中,案主不时会跟着音乐哼唱,社工体会到案主的嗓音已满是沧桑。案主如今已步入中年,多年来深受疾病的折磨,适当通过音乐发泄一些心中的苦闷无疑是一个缓解压力的很好方式。此次入户可以说是社工陪伴案主依靠音乐进行宣泄,此种体验对于社工来说尚属首次,可谓感触颇深!

3月29日下午,本次入户案主向社工提到他曾看过一期节目是关于渐冻人的,据案主所述,该名渐冻人现今仅剩眼球能够移动。在社工问到案主看到该节目有什么想法时,案主表示很恐惧,同时案主向社工表示自己现今双脚愈发无力。案主妻子当时观察到此现象后便开始阻止案主继续观看。社工随后对案主进行了一些生存激励,

告诉案主一些病毒是会随着时间的推移而发生变种，案主发病5年至今依然安好在世，就是最好的证明。针对案主提出的自己身体越来越弱的现实，社工的回应是，案主长期昼夜生活颠倒，夜晚失眠、白天睡觉，对于一个正常人来说此种生活状态延续数年身体必然是会越来越弱的，更何况是案主本人。社工借机引导案主努力尝试将自己的生物钟调整过来，同时，这也能够减轻案主妻子照顾的负担。案主在听完社工的诠释后，他笑了！笑容很自然，很灿烂！同时案主采纳了社工的意见。

（六）以吉他弹唱教学为切入点，对案主女儿进行学习生活经历指导，同时教会案主女儿用音乐来舒缓自己及家人的负面情绪

6月6日下午，社工入户案主家中陪伴案主，见到案主女儿放假在家。据社工观察，案主女儿回家时情绪低落，在一番引导下，案主女儿告知社工她与班级同学产生冲突。案主听到女儿在班级与同学相处状况不理想心里开始着急，同时开始对女儿絮叨。女儿对此比较反感。社工见状，联想到案主女儿有学习吉他的需求，随即提出教其弹吉他的想法，案主女儿欣然接受了。在教授案主女儿弹吉他的过程中，社工引导其自述与同学发生冲突的原因，针对其冲突产生的根源，社工为案主女儿进行分析并告知案主女儿现今是学习的关键时期，对于与同学因小事而发生的冲突应跳开到更高的一个层面来看待；同时社工以生动有趣的语言为案主女儿引入情商、主要矛盾和次要矛盾分析法以及提升自我情操和才艺以转移注意力等情绪治疗法的概念。

此次社工以教授吉他为突破口对案主家庭进行冲突介入取得了良好的效果。社工先是以音乐来缓解案主女儿情绪，随后对案主女儿进行引导和教育，最后在此次入户过程中，出现了期待已久的画面，社工同案主父女二人围绕着一把吉他共同弹唱三个不同年龄段都能够接受的歌谣。此过程既有情绪支持也有引导和分析，更有社工同案主父女间的心灵的触碰！

6月7日,社工入户案主家中继续教授案主女儿吉他弹唱,同时对案主进行陪伴和情绪支持。通过学习,案主女儿掌握了一些基本的弹唱技巧和手法,相关负面情绪得以宣泄,效果十分明显。

七、服务效果评估

(一)过程评估

针对本案主渐冻人症的特殊病情,接案社工在首次入户初步了解到案主具体情况后便决定每周一、三、四下午对案主进行固定陪伴。同时社工向居委会及社区残联说明了案主的现实情况,对案主进行正式社会支持网络扩建及矫正帮扶。通过此种方式,社工在对案主进行情感支持和陪伴的同时,也根据具体情况为案主家庭处理一些日常生活琐事,以减轻案主照顾者负担(如陪同案主为案主母亲取药、陪同案主为案主家庭交水电费等),另外,社工以吉他弹唱教学为切入点对案主女儿进行情感生活介入服务,取得了良好的效果。通过定期入户,社工在情感支持陪伴上得到了本案主的认可,案主曾经多次向社工表示要为接案社工送面锦旗,社工谢绝了案主的好意,同时向案主说明了社工同居委会工作人员的区别。事实上对于本案主的社工介入服务工作并不是一个完全按照严格的助人程序进行的,确切地说这是一个建构的过程。但是由于社工入户次数过于频繁,本案主曾对社工产生了较强的依赖心理,社工后来引导案主参观七彩昀社工事务所,向案主说明社工日常工作及职能和具体的角色扮演,使案主对社工的依恋程度逐步减轻。

(二)目标评估

针对社工介入服务第一阶段之正式社会支持网络扩建及矫正的问题,社工在首次入户后便将案主目前面临的困境以及其疾病的严重性向居委会及残联工作人员进行过说明。而后朝阳区残联领导上门看望本案主就是在此之后,引起社区对本案主病情的重新认识。

第二阶段针对案主由绝症引发的不良情绪的问题及面对死亡的

恐惧而造成的案主内心深处孤独的现状，社工通过每周三次对案主情感支持陪伴得到案主充分的认可。事实上，案主对于自己的病情早已正视，社工在此仅是在案主各种负面情绪爆发时进行相关引导（包括陪同案主听歌进行音乐理疗，陪同案主散步、逛公园，进行自然情境治疗）。

在第一、二阶段工作的基础上，针对案主妻子的身心压力及不良情绪问题，社工通过每周一、三、四固定陪伴与案主一道去交水电费以及上医院取药等，减轻案主妻子的一些生活负担。通过陪伴引导案主在日常生活中呈现积极向上的生活态度，引导案主对其妻子进行情感支持，帮助案主妻子缓解生活压力。社工成功引导案主改变非科学的作息时间，这对于减轻案主妻子照顾的负担将起到很大的作用。针对朝阳区残联看望本案主并赠送握力器的事情，接案社工成功劝导案主克服负面情绪，并将握力器转送给本社工经手的另一低保户孙某（孙某为肌无力病症患者）。这件事中，社工成功地引导案主关注服务他人并化解了案主同残联工作人员间的矛盾。这件事虽然平常，但意义很大，“助人自助，受助者而后助人”的思想得到一定的体现。

针对案主女儿面对父亲死亡逼近的事实而引发的恐惧、绝望、低沉等负面情绪及其可能引发的学习期间注意力不集中以及以灰色视角看待人生等不良行为问题，社工通过吉他弹唱教学，舒缓案主家人情绪，同时完成对案主女儿学习及生活观念的引导。

针对案主对生死问题的认识，社工尝试引导案主在深刻理解死亡含义的基础上，充分认识生命存在的价值和意义，能够利用有限的时间，不断寻找生命的宽度和厚度。但是由于项目临近结项，尚未能显现介入效果。社工希望低保家庭社工介入服务项目能够得到延续，以便更加深入地开展此类个案工作。

八、社工反思

（一）关于目前国内政府购买社工服务模式的相关反思

鉴于现今国内政府购买社工服务及受助对象多为非自愿接受服务的现状，社工开展之多数个案均不是一个完全按照严格的助人程序进行的，确切地说这是一个建构的过程，需要花费社工很多的时间和精力。建构效果如何将直接影响到下一步服务的质量，比如在本案服务过程中，社工由于花费较多时间在此个案服务上，对十四区其他十余户案主服务时间便相对减少。社工由此反思对于事务所关于低保家庭社工介入服务项目有关接案社工每区 20 户的个案探访工作量以及同时需要兼顾各类小组和社区活动。这样的设定对于一个刚刚毕业走入社工领域的一线社工而言压力是非常巨大的，建议机构可以根据实际情况来进行调整，以免因此影响到社工所提供服务的质量。

（二）关于死亡及生命意义的若干反思

针对此个案案主渐冻人症的特殊性，社工对于此个案介入几乎可以定位是为一个临终关怀个案服务介入，而根据学科上的设定，对于临终关怀个案的介入层面是在社会工作研究生阶段才可进行的，考虑到社工的专业能力程度及心智成熟度，事务所对于任命哪一个社工接手此案应该慎重。通过接案社工长期的介入服务，此个案对于本人的专业成长获得了巨大的帮助，这主要是体现在社工对生命及死亡的认知上面。渐冻人是社工曾经看过的爱情悲剧中才得知的，此次在现实生活中遇到此类病患者时，社工多次试图从案主本人的感受出发思考问题，但过程还是非常痛苦的，社工因此被此案主顽强的毅力和生命力所深深地折服。由于此次是本人第一次做类似临终关怀的个案，面对逼近的死亡不禁会有一种强烈的恐惧感，更何况是案主本人的恐惧。事实上，死亡是一件十分孤独的事情，而每一个生命只能自己去面对。临终者身边的亲人和朋友也可能因为对死亡本身的惧怕而逃避死亡这个问题,抑或是远离临终者,如此往往容易使临终者的孤独感倍增。

对于此类渐冻人症患者的社工介入服务,本接案社工认为可以从引导案主自我认知随后感知生命意义,对案主进行生存意义激励等深层次引导,必要时可通过媒体对案主顽强的生存毅力和生命力进行报道以影响和净化现世浮躁的社会生活气息,或许通过这一举动能更好地引导案主体会自我的存在价值,从而更好地完成其生存意义升华激励!

个案选编 2

凤凰涅槃，浴火重生

——见证一位白血病患者的成长之路

摘要：本案主为白血病患者，多年前骨髓移植手术后，在存活形势不被看好的情况下，奇迹般地存活了近十年，但是现今本案主因担心疾病复发，患有重大疾病术后心理创伤后遗症。同时案主家庭存在由于患病而造成社会生活脱节问题以及案主病发时家庭亲子沟通不良的问题。接案社工通过每周一次定期入户探望陪伴案主，对其进行心理疏导，引导案主正确认识疾病，鼓励案主发挥自身战胜白血病魔的经验，引导案主以自身事例帮助同类重病患者，帮助案主重返社会生活，获得自身存在的价值体验。

一、案主基本资料

（一）案主基本资料

案主阿重（化名），男，32 岁，高职学历，曾为白血病患者，现为肢体二级残障，2007 年纳入砖角楼社区低保。

（二）家庭成员资料

姓名	与案主关系	性别	职业	备注
刘阿姨	母亲	女	国企退休职工，现兼职为电梯运行协助人员	
郑叔叔	父亲	男	国企退休职工，现兼职做小区门卫	

二、接案社工及个案来源

（一）接案社工

叶亮亮，24 岁，毕业于西南石油大学文法学院社会工作专业，助理社会工作师，北京市朝阳区七彩昀社会工作事务所和平街社区专职社工。

（二）个案来源

案主为和平街砖角楼南里社区低保户。2011 年 12 月 7 日，经社区居委会转介给社工。社工经初次面谈后，与服务对象建立了专业助人关系，确定以阿重为服务对象，作为评估问题和介入的重点，开展个案社会工作。

三、案主家庭基本背景资料（即个案简介）

案主阿重（化名）为一名白血病患者，其家庭成员有案主及其父母三人。案主大约在 2000 年前后患病，约一年后，在院方的建议下，案主与其父亲进行了骨髓移植手术。由于案主父子双方骨髓为半配对型，导致术后案主股骨头坏死，现为二级肢体残障，但日常生活可自理，案主父亲术后身体状况也不太好。

案主家庭现今收入主要为案主父母每月退休金，各约 2000 元，另有案主每月低保金 500 元，但案主医疗费拖欠其亲朋资金约 10 万余元。案主父母现今正在积极地从事兼职工作，两人每月收入各 800 元左右，案主一家正在积极偿还拖欠亲朋的医疗费用。案主在骨髓移植手术后因无法继续承担巨额的医疗费用，院方建议其回家疗养，并告知案主家人其存活期将不到一年。案主母亲依旧没有放弃希望，为案主四处求医，案主现坚持服用中药，身体健康状况较为理想，这也是社工在低保家庭服务项目中遇到的一大奇迹。但社工通过多次入户案访发现，案主及其家人患有较为严重的重大疾病术后心理创伤后遗症，案主及其照顾者对于日常生活环境存在的健康安全隐患存有极高的敏感性，社工由此判断案主对于其术后的生活缺乏理性和客观的认识。

四、问题预估与分析

（一）问题预估

社工通过多次入户案访，现将案主家庭所面临的问题进行如下总结：

1. 重大疾病术后心理创伤后遗症问题

通常在经历过重大疾病后而存活者对于其生命的重视都是不言而喻的。然而本案案主在经历白血病骨髓移植手术后，在其主治医师对其病情并不看好的情况下，如今坚持存活了8年，所以案主及其家人更加珍惜生命。由此反射到日常生活行为当中便是处处小心翼翼，对于日常生活存在的健康隐患极度敏感。社工在入户过程中，案主母亲曾要求社工帮助其解决目前申请下来的廉租房调换问题，理由是案主是白血病患者不宜接受辐射，而其申请下来的廉租房正好靠在楼层的配电箱处，案主及其母亲表示该配电箱有很强的辐射，所以至今不敢入住，并希望相关部门能够出面调换。这就是一个很好的例证，社工对于此事也应该向案主作一个说明。

2. 针对疾病亲子间的不良沟通问题

据案主母亲表述，其平日里经常提醒案主日常生活的注意事项，同时对于案主现在的身体状况以及将来可能会遇到的健康问题与案主避而不谈，案主可谓是生活在其母亲精心编织的一个"安全牢笼"当中，而案主本人对其母亲也是言听计从。案主身体不经意间的变化或是案主母亲一个愁苦的表情都会在案主的心里荡起巨大的涟漪，案主亲子间的不良沟通将很容易造成日常家庭生活的紧张氛围。

3. 长期患病造成的案主与社会生活脱节的困扰（即案主未来生活规划问题）

据社工多次案访观察，案主目前生活圈很小，平日里除了家中便是为时很短的外出散步，除了家人和社工之外几乎很少与他人进行交流，疾病导致的肢残的现状及案主本人对于疾病缺乏正确认识导致的案主无正常的社交圈子都是案主与正常社会生活脱节的真实写照，由此可知案主对未来生活缺乏应有的思考。

（二）问题分析

1. 导致案主生活现状的重大事件

案主于 10 年前身患白血病，巨额的医疗费用导致案主家庭负债累累并成为城市最低生活保障的救助对象。骨髓移植手术后，案主主治医师诊断案主存活期为一年，但案主通过中医治疗至今仍然存活。这事本为医学史上的一大奇迹，但由于案主及其家人对于重大疾病后的生活态度缺乏科学理性的认识，导致案主目前对于日常生活正常存在的健康隐患极度敏感。

2. 对疾病本身的非理性认识，引发案主创伤后压力心理障碍

创伤后压力心理障碍症（英文：Post – traumatic stress disorder；PTSD），又译为创伤后压力症、重大打击后遗症。它是指人在遭遇或对抗重大压力后，其心理状态产生失调之后遗症。这些经验包括生命遭到威胁、严重物理性伤害、身体或心灵上的胁迫，有时候被称之为创伤后压力反应（post – traumatic stress reaction）以强调这个现象乃经验创伤后所产生之合理结果，而非病患心理状态原本就有的问题。本案主阿重，正是由于在白血病魔手里死里逃生后，对于日常生活的健康隐患产生强迫症。社工由此将自身的介入角色定位为问题的澄清者、分析人以及相关自我调适方法和技巧的教育者。

3. 面对日常健康安全隐患，亲子间的过度紧张而造成的沟通不良问题

案主亲子间针对疾病的沟通不良归根结底是由于疾病本身对于患者及其家人造成的生理和心理上的破坏力之强以及被疾病破坏对象对于疾病本身缺乏一个科学以及理性的认识所造成的。同时，案主母亲对于自己儿子的过度关爱，导致其过分紧张，其儿子身体状况

的现状往往促使案主家庭正常生活陷入一种过度的紧张氛围当中。社工由此界定自身介入服务的角色为:问题的分析者、亲子间良性沟通的引导者、亲子间良性沟通方式的建议者。

4. 由于案主长期患病从而造成其与正常社会生活脱节,同时缺乏生活规划

案主由于患病及康复期间基本上是在一个与外界脱离的环境下进行的,再加上康复期间案主本身对疾病缺乏科学理性的思考而导致的惧怕与外界接触等行为特征,社工由此判断本案主存在再社会化训练的需求,以此来建立正常的人际交往圈子;同时结合优势视角来看,本案主拥有来自自身战胜白血病魔的离奇体验,其事例对于其他同类白血病患者来说也是一个很大的鼓舞,相信通过适当的引导,案主阿重将可以以白血病患者的激励者或鼓舞者的角色重新进入社会角色当中,同时此举动也有助于完成案主的再社会化过程以及为未来生活规划做一个良好的铺垫。

五、社工的介入目标及服务策略

(一)长期目标

引导案主及案主家人合理科学地规划未来生活方向,协助案主完成再社会化过程,同时协助案主明确其未来生活的角色。

(二)阶段性目标和服务策略

此个案服务策略是在社工与案主专业关系建立后以及社工入户案访工作(即个案问题调查阶段)完成后拟定,所以本个案负责社工在此仅对上述问题进行个案服务计划安排。

第一阶段:

计划实施时间:4 月份第一个星期内开展

具体服务计划:针对案主的重大疾病术后心理创伤后遗症问题,社工将通过入户访谈的形式,结合艾里斯的理性情绪治疗法,向案主说明科学对待疾病的方法,及白血病患者术后日常生活应注意的问

题和事项,同时教会案主一些自我调适和解压的方法。

第二阶段:

计划实施时间:4 月份第二个星期内开展

具体服务计划:在第一阶段工作的基础上,针对案主家庭亲子间的不良沟通问题,社工将以问题分析说明者的角色进行介入,向案主母子说明廉租房问题调换问题,必要时社工将引入专业辐射勘测人员一同在现场为案主进行廉租房配电箱辐射的检测,以解除案主母子心中的顾虑并入住新居。同时,对其母子沟通方式进行积极的引导。

第三阶段:

计划实施时间:4 月份第三个星期内开展

具体服务计划:在前两个阶段的工作基础上,社工以资源链接者的角色介入,为案主联系医务社工,引导案主以白血病患者术后治愈者的角色为其他同类白血病患者提供心理安抚及生存意愿激励、鼓励服务,可能的话,可以通过媒体报道等方式,引导案主积极回归社会,并建立稳定的社交圈。

六、个案服务过程

1. 与案主及其家庭建立专业关系

2011 年 12 月 7 日,七彩昀社会工作事务所召开和平街砖角楼社区低保家庭座谈会时接案社工首次与案主在事务所办公室会谈,并了解案主家庭基本情况。

2011 年 12 月 12 日,接案社工首次入户案主家中,了解案主家庭情况及对案主本人现今心理及情绪状况完成初步评估。

2011 年 12 月 15 日,社工首次与案主母亲面谈,并对案主母亲现今社会生活心理及情绪状况进行评估。同时,就案主家庭廉租房调换问题进行讨论。案主母亲希望事务所能够为其向政府相关部门反映情况,使其在配电箱附近的廉租房得以调换。

2. 针对案主廉租房调换的申请,社工与案主同行,在合作中加深

专业关系

2011 年 12 月 21 日，社工陪同案主母亲前往案主申请的廉租房进行实物拍照取证，以便社工向廉租房管理中心反映案主现实情况。途中，社工对案主母亲进行细心照顾，接案社工的工作得到案主母亲的极大认可，在专业关系上向案主家庭迈进了一大步。

2012 年 1 月 9 日，社工与同事前往常营廉租房管理中心咨询，反映案主关于廉租房调换申请的意愿，该处工作人员以无相关廉租房调换政策为由拒绝社工。后社工查询相关信息，发现正规建筑大厦所配备的配电箱对辐射有严格的技术把关，换句话说，事实上一个配电箱的辐射甚至没有一台电脑或一部手机来得大。社工由此反思案主之所以向社工提出本需求的初衷是由案主及案主家庭对于案主身患重大疾病术后产生的心理创伤后遗症所引起，社工由此改变对本个案的介入方向和策略。

3. 社工针对案主由疾病引发的一系列偏差认知及不良情绪进行治疗引导工作

2012 年 2 月 6 日，接案社工春节后首次慰问看望案主，了解案主过年情况。得知案主春节期间患病，新年开头并不大顺利。社工针对案主的各种负面情绪运用支持性语言进行引导和沟通，缓解案主的负面情绪。

2012 年 4 月 11 日，接案社工根据所做的安排针对案主家庭的个案开展第一阶段服务及治疗工作。事实证明此次会谈是比较成功的，社工根据艾里斯理性情绪治疗理论，从案主廉租房调换申请事宜入手，矫正案主及其母亲对待疾病及重大疾病术后的生活态度。“从您患病到现在 8 年时间过去了，事实证明您是战胜了白血病魔，所以对于我们来说以后的生命是一个漫长的过程，活着我们不应该生活在恐惧里，我们应该正视生活，去享受生活这个过程。”社工运用各种激励性的语言，从优势视角出发帮助案主科学认识自身与病魔抗争 8 年来所应有的收获和应该放下的包袱。最后社工从生命意义及价值层面同案主母子进行交谈："阿姨，其实我有一个想法，阿重身患绝症，医生都认为他存活时间不长，但是现在8年时间过去了，他身体逐渐恢复，您之前也说过医院的白血病专家都曾经来访问过他，并表示这是一个医疗史上的奇迹。事实上他的这个事例是可以对很多同类疾病患者形成一个巨大的支持作用的。如果你们同意的话，我可以为你们联系相关机构，让阿重上医院跟一些白血病患者聊天，用他的事例影响鼓励这些人，当然这全程我也会在场引导，我们主要是以现在这种聊天的形式进行，事实上这对于阿重来说也算是一种价值的体现。"社工随后根据机构现有督导方资源联系了医院医务社工督导，提出了让本案主协助其医务社工工作，即引导本案主对重大疾病患者进行心理疏导和减压。我们得到的回应是，院方考虑到本案主在进行志愿服务的过程中存在犯病的风险及责任纠纷的问题，所以拒绝了事务所提出的此项要求。

4. 通过社工引导本案主积极参加社区及事务所举办的各类社区及小组活动，社会生活参与度明显增加

2012年5月10日、23日，6月4日、11日，案主参加低保家庭生活减压教育小组举办的4期活动，并且在6月11日小组活动中针对就业创业话题有过精彩的发言。

2012年5月13日，案主参加事务所举办的母亲节活动，学会叠康乃馨纸花。

5. 通过社工引导，案主与机构现今往来频繁，日常间的互动已常态化

本案主现今平均每周到访机构一次，主动寻找社工聊天，畅谈自己的一些想法。同时案主现今已步入婚姻的殿堂，曾多次带妻子来机构找社工谈天，机构为案主妻子准备晚礼服表示祝福！

由于案主有向机构志愿者发展的趋势，并与机构频繁联系，所以离别情绪的处理过程比较平和，亦无什么情绪波动。

七、服务效果评估

(一)过程评估

接案社工在进行本个案社工介入服务过程中,以艾里斯的理性情绪治疗法为基础,针对重大疾病术后心理创伤后遗症问题及面对重症影响时案主母子间沟通不良问题进行介入。社工在通过入户调查了解情况并与案主建立稳定的专业关系后以教育者及引导者的角色为切入点,以入户访谈的形式对案主家庭进行引导和治疗。同时针对案主长期患病造成的案主与社会生活脱节的困扰问题(即案主未来生活规划问题),社工根据回归社会理论以资源链接者的角色扮演为切入点对案主进行回归社会引导。值得一提的是,本案主母亲面临的生活困境是由于对于疾病及生存意义的偏差理解造成的,艾里斯理性情绪治疗法在此过程中比较适用,加上社工同案主间建立了良好的专业关系,所以在此项服务上社工取得了较大的进展。而在案主回归社会的引导辅助方面,由于社工联系的医院方考虑到服务过程中可能存在的风险及责任问题,所以拒绝了案主的志愿服务。事实上,重大疾病患者包括残疾人要想回归社会都存在一定的阻力,而医院拒绝此项提议也可以说是社会对于此类人群“隐性歧视”的体现之一。由于对本案主的介入服务并非完全按照教科书中提及的固定的程序进行的,所以社工计划实施时间与实际实施时间存在一定的出入,对于本案主的介入服务过程事实上也是一个个案服务的建构过程。

(二)目标评估

针对案主长期患病造成的案主与社会生活脱节的困扰问题(即案主未来生活规划问题),社工原计划是在 4 月份实施介入服务,而事实上,对于本案主的介入服务是从首次与本案主接触便开始了。社工每次入户有一重要目的便是陪伴案主,由社工与案主建立专业关系是案主重返社会的第一步。同时在社工的引导下,案主愿意以白血病患者过来人的身份进医院对同类患者进行心理疏导,这本身也是社会工作“助人自助,受助者而后助人”的较高精神境界的一个体现。这也有力地说明了案主现今对于疾病的恐惧感已有了很大的改善。由于社工的介入,现案主对廉租房调换一事,也不再那么执着。案主申请廉租房调换是由于该廉租房紧挨着大楼配电箱,担心辐射伤身,而究其根本是由于案主重大疾病术后心理创伤后遗症及惜命的表现。通过社工的分析,案主及案主母亲表示对于此事已不再介怀,“能调也行,不能调就算了,如果配电箱辐射不大的话。”(案主母亲原话)案主母亲的话就是其态度转变的最好证明(对比案主先前每次向社工谈及此事都会因为心里憋屈而产生较大的情绪波动),而此次案主情绪已是比较平静了。

在案主回归社会的引导辅助方面,由于社工联系的医院方考虑到服务过程中可能存在的风险及责任问题,所以拒绝了案主的志愿服务。此项内容接案社工将及时跟进,待时机成熟再做介入。

另外通过社工的引导案主积极参加社区及事务所举办的各类社区及小组活动,社会生活参与度显著增强,同时案主已同机构建立了常态化的联系,毫不夸张地说,案主已将机构当成自己的另一个家。

八、社工反思

在对本案主进行社工介入服务的过程中,社工发现案主本身求助意愿较强,性格乐观向上,通过多次入户访谈社工发现本案主之所以接受社工服务除了初衷是希望社工能为其解决廉租房调换事宜。然而对于所有案主的每一个具体需求,其背后都有一个真正的根源,对于案主所提的要求,社工认为这仅仅是作为案主本人对于解决某一问题的看法,但其往往并非是最正确的,所以社工依据案主的要求行事有时候甚至会产生负效果,由此社工根据案主所提之需求找准真正的根源,对于社工来说将能够有效地提升助人效果。而针对此案社工最需要做的就是协助案主一同为案主描绘一个未来生活的蓝图。以目标为导向的助人模式,前提是找准案主合理合法性的愿景!

个案选编 3

社工伴随低保家庭追求幸福生活

摘要:本案主为肌无力症患者,二级肢体残障。社工介入前案主主要以在家中蜗居的方式度日,长期封闭的生活导致案主存在情感支持的需求;另案主女儿学习当中存在偏科现象,需志愿性课业辅导支持;同时案主母女俩针对课业问题时,存在不良沟通的现象。接案社工由此对案主家庭进行每周一次定期入户案访,邀请案主参与系列小组活动,与案主家庭共同探讨女儿的学习问题,引导案主亲子间良性互动;同时接案社工同案主家庭分享自身学习经验,为案主及其女儿的学习生活规划提供参考和引导;另外,社工将积极结合事务所本年度申请的低保家庭未成年子女陪伴成长项目,为案主女儿引入志愿者,已对案主女儿进行陪伴成长及课业辅导。

一、案主基本资料

(一)案主基本资料

案主孙阿姨,女,45 岁,初中文化水平,肌无力症患者,现为肢体二级残障,2004 年纳入和平街十四区社区低保。

(二)家庭成员资料

姓名	与案主关系	性别	职业	备注
李叔叔	丈夫	男	某制药厂中央调控室值班人员	
李同学	女儿	女	北京日坛中学高一学生	

二、接案社工及个案来源

(一)接案社工

叶亮亮,24岁,毕业于西南石油大学文法学院社会工作专业,助理社会工作师,北京市朝阳区七彩昀社会工作事务所和平街社区专职社工。

(二)个案来源

案主孙某(女)为和平街十四区社区低保户。2012年2月2日,经社区居委会转介给社工。社工经初次面谈后,与服务对象建立了专业助人关系,确定以孙某为服务对象,作为评估问题和介入的重点,开展个案社会工作。

三、案主家庭基本背景资料(即个案简介)

案主家庭现今共有夫妇及女儿三人,目前居住在两室一厅一厨一卫将近70平方米的住房里。案主孙某身患骨纤维增殖疾病,为二级肢体重残。据社工观察,案主具备生活自理能力,但因腿脚无力无法参加正常工作。案主每月领取500元低保金,其丈夫在制药厂工作,月收入2000多元。案主女儿为日坛中学高一学生。据案主说,家庭除日常必要生活开支,比较多的开支为女儿学费及杂费,案主及其婆婆医疗自付费用。案主丈夫工作时间宽裕(值班一天休息三天),能腾出较多时间照顾案主;案主女儿学习课业较为繁重,且存在偏科现象,文科偏好,理科偏差。

四、问题预估与分析

(一)问题预估

社工通过多次入户案访,并结合案主家庭实际情况以及接案社工及接案机构现状分析,现将案主家庭所面临的问题进行如下总结:

1. 案主本人因长期封闭生活而造成的情感支持需求问题

本案主由于身体原因长期生活在一个与外界相对隔离的环境(案主家中)。在社工入户案访过程中,案主曾明确向社工表示自己已经厌烦现在的生活,她曾经想过与社区正常人群一样上社区公园跳舞,但是苦于没有玩伴陪同,自己一个人不好意思去。社工认为,案主存在社交及情感支持的需求,而上公园跳舞只是案主为缓解生活苦闷所作的一种努力及其想到的解决问题的方式。而发展本案主成为十四区小组成员之一,以小组这个集体的形式同时借助由小组带来的团体动力为案主提供情感支持需求,是社工需要重点开展的工作。

2. 女儿课业中存在偏科现象需提供志愿性课业辅导支持及学习生活规划支持的问题

本案主女儿目前在学习方面存在一定的偏科现象,英语、语文等文科学习成绩较好,数理化等理科学习成绩一般。另据社工了解,案主家庭之所以较好地接纳社工介入服务之初衷也是希望社工能够在此方面提供相关的支持。接案社工结合机构即将开展之陪伴成长低保家庭未成年子女教育支持项目,为案主女儿寻找志愿者提供志愿性课业辅导支持,同时接案社工结合自身学习生活经验可为案主女儿学习生活规划提供参考和引导。

3. 案主家庭待销货物寻求销售支持问题

据社工入户了解,案主家庭早年由于案主丈夫向亲友借了近4万元资金用于购买壁挂,其初衷是希望通过壁挂转手贸易赢取利润,结果壁挂没卖出,100块壁挂至今滞留家中已近10年,所以在社工入户时,案主希望社工能够帮助案主寻找买家。

4. 案主家庭针对孩子教育问题的亲子间沟通需求的问题

据社工入户了解案主夫妻二人现今对女儿学习成绩期望值甚高,案主也曾向社工表示其女儿学习成长已经成为家里当前的生活重心,而案主女儿在此种环境下,必将产生较大的压力,压力过度将对其女儿的学习成长造成极其不利的影响。

（二）问题分析

1. 导致案主生活现状的重大事件

接案社工通过入户访谈，结合案主表述分析，案主家庭之所以成为政府城市最低生活保障金救助群体的主要原因，是由于案主本人患有骨纤维增殖疾病，现为二级肢体重残，无工作能力，同时案主丈夫工资水平有限，案主家庭生活重担现今基本上都压在其丈夫身上，外加案主家庭曾经经营饭馆失败，又遭遇壁挂贸易生意失败，案主家庭由此陷入当前生活的困境。

2. 借由小组为案主提供情感支持

本案主由于身体原因长期生活在一个与外界相对隔离的环境中，长期封闭和枯燥的生活导致案主出现对现今生活状态的不满情绪，同时案主亦有向社工提及其改变现今生活的意愿。从优势视角来看，案主拥有改变目前生活的积极态度，仅是缺乏一个有效途径和必要的社会支持，所以社工由此决定邀请本案主为十四区小组成员之一，以小组这个集体的形式同时借助由小组带来的团体动力为案主提供情感支持。

3. 针对案主女儿课业中存在偏科现象需提供志愿性课业辅导支持及学习生活规划支持的问题分析

学生时代存在偏科现象对于个人升学将会产生极其不良的影响，由于偏科而产生的对于个别薄弱科目的厌烦而多花时间在成绩较好的科目上，由此产生的恶性循环将会加重学生个人偏科现象。所以，社工认为通过引导个体发现学习乐趣及兴趣培养从而对其薄弱科目进行强化和训练，同时教授其正确学习的方法和技巧以及必要的解压方法，将会有效地帮助案主女儿解决此类学习当中遇到的困难。接案社工也将结合机构即将开展之陪伴成长低保家庭未成年子女教育支持项目，为案主女儿提供志愿性课业辅导支持以解决上述问题，同时社工需向负责志愿者教授相关支持及引导技巧。

4. 案主家庭待销售货物销售支持需求问题分析

案主家庭滞销货物销售支持需求问题可以归结为案主家庭社会支持网络构建的一个方面。针对案主家庭早年购进的壁挂商品滞销在家中的原因,社工分析主要是由两方面原因造成的。首先,案主家庭本身对于售出该滞销货物努力及意愿不足。据社工了解,案主当年购买了100块壁挂,平均每块壁挂批发价400元,由于成本过高导致的售价较高是造成壁挂滞销的重要原因,而在多次销售未果的情况下,案主家庭对此便产生了听之任之的不良态度,由此导致壁挂滞销在家中多年;其次,货物滞销在家也与案主家庭缺乏必要的销售途径以及社会支持有关。由此,接案社工分析,可以从鼓励案主销售意愿以及同案主一道寻找买方两个角度进行介入。值得一提的是,对案主家庭的此项需求,鉴于接案社工及机构当前所掌握资源匮乏的现状,社工只能是尽力与案主一道解决上述需求问题。

5. 社工结合自身学习经验引导案主亲子间良好有效的沟通

家长对于孩子学习成绩怀有高期望值实属正常,相对合理的期望值将有效促进案主女儿的学习和成长,而本案主家庭对于孩子学习成绩期望值过高。社工分析其原因,首先是由于案主自身到目前为止相对失败的人生所以寄希望于女儿身上;另外,案主对于自身期望值高低与其女儿学习成绩的影响并没有一个科学的认识。

五、社工的介入目标及服务策略

(一)长期目标

社工定期陪伴同时发展案主为小组成员,对案主提供情感支持;结合自身相关学习经验,科学引导案主女儿学习生活规划及案主母女间长期有效的沟通;结合机构低保家庭未成年子女陪伴成长项目为案主女儿引入课业辅导志愿者。

(二)阶段性目标和服务策略

此个案服务策略是在社工与案主专业关系建立后以及社工入户

案访工作(即个案问题调查阶段)完成后拟定,所以本个案负责社工在此仅对上述问题进行个案服务计划安排。

1. 第一阶段

计划开始实施时间:4 月份的第二个星期内开展

具体服务计划:设定相关主题,成立十四区低保家庭成长互助小组,邀请案主参加本小组,通过小组活动为案主提供必要的情感支持以改变案主当前不良的生活方式,引导案主回归正常社会生活。

2. 第二阶段

计划开始实施时间:根据陪伴成长低保家庭未成年子女教育支持项目具体开展时间而定。

具体服务计划:在第一阶段工作的基础上,根据陪伴成长低保家庭未成年子女教育支持项目具体开展时间将案主女儿课业辅导问题向志愿者进行转介,同时及时跟进反馈。并以入户访谈的形式,针对案主家庭子女教育的亲子间沟通问题对案主亲子进行引导和帮助。

3. 第三阶段

计划开始实施时间:4 月份的第四周进行

具体服务计划:针对案主家庭货物滞销在家的销售支持问题,社工第一层次工作先由引导案主销售积极性做起,以访谈的形式了解案主家庭现有支持网络当中潜在的买家;根据第一层次工作情况开展第二层次工作,与案主一道寻找买家,尽力解决此问题。

六、个案服务过程

(一)与案主及其家庭建立专业关系。

2012 年 2 月 7 日,社工首次入户案主家庭了解案主家庭基本情况,与案主家庭初步建立专业关系。

2 月 13 日,社工再次入户案主家庭,了解案主先前就业经历、案主女儿学习具体情况及案主本人对当前生活状况的想法和评价。案主本人较为健谈,待人亲切,社工在访谈中也进一步用到同理心、接纳及澄清等技巧，双方专业关系加深。

2月18日，社工入户案主家中，除了解案主家庭近日生活状况外，主要是与案主一道预估出案主家庭现存问题以便作出案主家庭问题预估报告；同时社工与案主也进行了社工即将采取的服务方式的相关探讨；至此社工建立了较为理想的专业关系。

（二）社工夜晚入户案主家中，对案主女儿进行课业辅导，在了解案主女儿学习生活情况的同时，社工通过自我学习经验介绍，消除案主女儿当前学习所遇到的困扰。

受案主邀请，2月20日晚，社工入户案主家中，对案主女儿进行课业辅导。此次为社工首次与案主女儿见面。案主女儿为日坛中学高一学生，成绩在班级排名中上等，但有比较严重的偏科现象，物理和地理等科目较为薄弱。社工此次入户主要是从案主女儿的学习方法上与案主女儿进行沟通。通过了解社工发现，案主女儿有自己的一套较为科学的学习方式，学习态度也很端正。但是案主女儿告知社工，其觉得自己学习比较刻苦，但是成绩并没有很大的提高，总是在班级13名左右徘徊不前，为此觉得非常苦恼和矛盾。案主本人对于女儿的成绩也是比较担心，案主认为其女儿对于课业还不是很用心。社工由此分别对案主及其女儿之间的沟通进行了一些引导。并告知案主及其女儿，学习是一个需要不断累积的过程，成绩虽然徘徊不前，但是从优势视角来看，案主女儿成绩稳定且排名相对靠前，只要持之以恒，通过不断的学习累积相信其成绩会在某个特定的时间发生质的突变。案主及其女儿对于社工的此番话都表示赞同。同时，案主女儿对社工表示其会继续坚持并不断地调整学习状态和方式。

（三）社工通过机构寻找资源及鼓励案主自行销售相结合，为案主家庭滞销壁挂打开销路的尝试。

3月6日，社工入户案主家中为案主家庭滞销商品拍照以便通过网店为其打开销路。

社工在日后的多次入户过程当中也不断激励案主通过自己的努力,把滞销商品销售出去。由于案主家庭滞销壁挂进价成本较高,所以至今仍无法销售出去。

(四)通过发展案主为小组成员,为案主提供情绪支持,提升案主社会活动参与度。

4 月 18 日,七彩昀社工事务所成立一周年,社工邀请本案主到机构参加机构年庆活动。本次为案主首次到访机构,在一定程度上让本案主更加了解社工的日常工作,此次聚会案主同机构工作人员及受邀社区低保人员以冷餐会的形式度过了一个愉快的下午。

5 月 10 日、23 日,6 月 4 日、11 日,案主参加 4 期低保家庭生活减压教育小组举办的活动,并且在 6 月 11 日小组活动中就有关就业创业话题进行过精彩的发言。

5 月 13 日母亲节这一天,社工邀请案主母女俩参加机构举办的母亲节活动。结合左家庄社区本次活动一共有 5 名低保成员参加,社工在活动中向小组成员介绍了母亲节的来历,随后社工向小组成员教授叠纸康乃馨的技巧并且同成员一同制作。在制作纸花的过程中,社工引导小组成员进行交流,聊天内容涉及亲子间互动以及高中生学业问题。据社工观察,案主女儿十分文静,且比较好学,在与长辈的交流过程中很有礼貌,其母女俩性格较为接近。活动最后,案主女儿将自己和母亲一同制作的康乃馨献给母亲作为母亲节的礼物。整个活动过程社工同小组成员是在一片欢乐祥和的氛围中度过的。

(五)在最后一次小组聚会中宣布结案,同时机构将与服务对象双方保持互动和联系。

6 月 11 日,社工在最后一次小组聚会当中向小组成员宣告项目即将结束,同时社工也向组员表示会有后续相关服务项目,七彩昀将同服务对象间保持长久的互动和联系。

七、服务效果评估

(一)过程评估

在同本案主的接触过程中,社工主要是按照入户访谈了解案主需求——与案主建立专业关系——作出案主家庭问题预估报告及服务计划——实施服务计划的模式进行。如同对其他低保服务过程一样,社工与案主家庭间的专业关系之建立、案主家庭问题预估以及为案主家庭提供介入服务的过程是贯穿始终的。确切地说,社工的介入服务过程也是服务双方专业关系建立及问题预估的过程,它是随着服务双方不断互动而逐渐建构的,但并非是既定的。

由于案主性格温和,待人和蔼,社工在同案主进行专业关系建立的过程中也积极运用各式案访专业技巧,双方建立了良好的专业关系。案主曾多次挽留社工在其家中吃饭,社工虽委婉地谢绝了,但这是服务双方良好专业关系的体现。在问题预估过程当中,社工先是将社工具体工作流程进行清晰的说明,所以问题预估主体部分是案主同社工一道确定出来的,但是社工对于服务计划实施的过程并没有严格按照预定时间推行,同时案主家庭滞销货物至今还未销售出去。

(二)目标评估

针对案主长期封闭生活造成的情感支持需求问题,社工通过定期入户及邀请案主参加小组聚会为案主提供情感支持和陪伴,同时社工积极向案主介绍许多日常减压及缓解负面情绪的方法并鼓励案主不断尝试。值得一提的是,案主小组活动出席率是百分之百,社会活动参与率显著提高。案主女儿课业及学习规划问题同案主及其女儿的不良沟通存在很大关联性,社工由此分别通过与案主本人及其女儿单独聊天,引导其母女进行良好和有效的沟通。针对案主家庭滞销货物销售支持的问题,社工最初是希望通过网络打开销路,但收效甚微,同时社工在这件事情的处理过程中,阶段性地忽略了案主本人的销售意愿鼓励和支持，在进行个案服务过程当中，社工大包大揽的情形时有发生，这是值得我们深刻反思的。

八、社工反思

社工应该具有很强的责任意识，社工的出现及其对低保家庭的成功嵌入必将对服务对象系统产生一定的冲击并且带来一些改变。而社工在此需要注意的正是如何通过自身影响服务对象，为其输入正向信息。传统社工往往以温和及慈祥的面孔出现，遇事冷静分析、待人礼貌有加似乎成为社工日常工作的常态，而传统社工也往往给人感觉身体里缺乏了些许的激情从而不够阳光。确切地说，传统社工往往忽略了一些非理性因素在个案过程当中的运用；而在本个案的介入服务过程中，社工认为进入到案主的日常生活中就有必要也有责任身体力行，以身作则来影响服务对象，阳光灿烂、生活自信且富有激情的社工更能够为案主带来一些正向的冲击。

个案选编 4

寻找回来的世界

——一例精神障碍人士的社区康复治疗

摘要:服务对象因患有精神疾病,现病休在家。服务对象表现为缺乏良好的沟通能力及与外人交往的能力,社会经验较少,对问题认识不深,总是被照顾,被保护,致使性格上较为内向,较为依赖父母,缺乏自信,很自卑,不喜交际,不愿意与父母交流生活中的事情,与父母关系冷淡,防御性心理较强。社工介入引导服务对象认识到自身的问题,消除影响家庭功能发挥的负面因素,改善服务对象家庭与周围环境系统的互动关系,帮助服务对象增强能力,合理利用各种资源,建立起有效的社会支持网络。

一、基本资料

服务对象:张萍(化名)

性别:女

出生日期:1967 年 8 月 1 日

文化程度:大专

婚姻状况:离异

联系地址:北京市朝阳区垡头金蝉北里 × 楼 × 门 × 号

二、接案时间及个案来源

接案社工:姜鹏圆,年龄 23 岁,毕业于北京青年政治学院社会工作系,北京市朝阳区七彩昀社会工作事务所垡头×社区一线社工。

服务对象为社区低保户。2011 年 8 月 30 日,由垡头二区居委会转介给社工。社工经初次面谈后,与服务对象建立了专业助人关系,确定以张萍的自身问题为主要取向,作为评估问题和介入的重点,开展个案服务。

三、背景资料

(一)个人情况

服务对象曾经是朝阳医院的药剂师,在离异之后,由于压力过大以及各方面的原因,患上重度的精神分裂症,现在病休在家。在社区残联做一些公益性的工作。

(二)家庭情况

服务对象的家庭成员共计 4 人,分别为服务对象本人、父母及其女儿,女儿 19 岁,正在上大学。父母均已退休,身体情况良好,在家照顾服务对象的日常生活。在家庭成员关系方面,服务对象父母对她很好,经常劝说服务对象,但服务对象脾气比较倔,做什么事情都会坚持己见不听劝。从不与父母商量,也不愿意与父母交流,父母只能通过看服务对象的日记了解服务对象的状况。服务对象的妹妹也经常开导、关心她,但服务对象还是会坚持自己的意见。

(三)重大事件

首先引发服务对象家庭陷入困境的重大事件是离异。因服务对象怀疑丈夫有外遇,只要有陌生女人与丈夫接触,服务对象就会怀疑。再加上服务对象与丈夫的性格不合,导致服务对象家庭破裂,离异。服务对象原本有稳定的工作和收入来源,但因为与丈夫离异,导致家庭角色的缺失,使得服务对象陷入一个人照顾老人、孩子的境地;服务对象受挫,但那时服务对象精神状态还比较稳定。

其次,在 2003 年"非典"的时候,服务对象忘我地工作,精神状态已经不太稳定,工作压力很大,再加上服务对象心事很重,患上了精神疾病。服务对象所在单位劝导她回家休息,服务对象很受打击。她表示自己不愿意离开,在医院做任何工作都可以。那时医院装修,服务对象甚至帮忙搬砖,后来服务对象父母发现她背包中有自杀的遗书,就将她送往安定医院救治。服务对象还住过回龙观医院,之后由于她身体原因,导致服务对象丧失工作岗位。服务对象失去了一份稳定的工作、一份自己热爱的工作,精神上不能接受,身体状况越来越差,精神状况更不稳定,被医院确诊为偏执型精神疾病。

四、预估及问题分析

(一)问题的预估

接案社工根据入户访谈,对服务对象的问题进行预估,认为主要存在以下问题:

1. 心理认知问题,服务对象在主观认知上存在偏差,对于生活的态度相对消极、悲观,对于改变自己命运和生活现状的自信心明显不足,对于个人能力的认识以及今后人生缺少正确的认知和长远的考虑。服务对象一心要帮助身边弱势的人,在他们面前服务对象较为自信。但服务对象所用的助人方法没有经过自己深思熟虑,可能不是解决问题的最好方法,但服务对象坚持己见,不愿意听从别人的意见。

2. 服务对象在不良的自我功能和超我功能影响下,对外部环境的认识能力以及自己情绪的控制能力减弱,最终导致心理困扰和人际关系失调。

3. 服务对象家庭系统的互动关系上存在冲突,服务对象不愿意与父母交流,也不听父母的劝阻,做事情总是坚持己见,父母只能从服务对象的日记中了解她的状况。服务对象与女儿之间的互动也很少。

(二)问题的分析

1. 服务对象在主观认识上存在偏差,对自我的认识、自身能力的认识不足,对生活缺乏信心,这是她首先要解决的自身问题。社工应帮助服务对象认清自身的问题及需要,其中包括与人交往中服务对象存在的问题,寻找能够利用的资源,解决她的问题和需要。

2. 服务对象与父母之间的关系问题也是家庭中最突出的问题,她与父母之间存在矛盾,与兄弟姐妹之间的关系也很疏远,需要通过家庭治疗法解决家庭矛盾。

五、服务计划

(一)具体化的目标

1. 帮助服务对象认清自身的问题及需要。

2. 帮助服务对象增强能力,关注她或者她家庭的潜在能力以及运用,培养服务对象正确的价值观。

3. 鼓励服务对象与周围环境积极互动,在互动过程中,让她重新认识自己的价值体现。

4. 改善服务对象的家庭互动关系,特别是与父母之间的关系,促使父母与她加强沟通,加深理解,形成良性的家庭发展环境。

5. 帮助服务对象建立社会支持网络。

(二)干预模式或理论

1. 认知疗法

认知疗法是根据认知过程,影响情感和行为的理论假设,通过认知和行为技术来改变患者的不良认知的一类心理治疗方法的总称。认知疗法的基本观点是:认知过程及其导致的错误观念是行为和情感的中介,适应不良行为和情感与适应不良认知有关。认知疗法常采用认知重建、心理应付、问题解决等技术进行心理辅导和治疗,其中认知重建最为关键。

具体到本案,体现为:服务对象的主观认知上存在偏差,对自我及自身能力的认识不足,在与人交往中,自信心明显不足,有很强的自卑感,只在比自己还困难的群体中,才能有一些自信。在人际交往中,服务对象乐于助人,但从来不会想自己帮助别人的方法是否正确,常常给自己和他人造成困扰。所以社工认为帮助服务对象认清自身问题及需要,是首先要解决的问题。

2. 家庭治疗模式

家庭治疗模式是以家庭为治疗单位,进入家庭,对家庭的功能通过往事追溯、重整旧经验、订立新规则、统合新旧经验等方式达到改变家庭的看法、改善家庭结构、改变家庭错误的世界观的作用,从而使个别家庭成员的家庭问题真正得到解决,解决服务对象的困扰。社工在这一过程中需要扮演解释者、示范者、引导者的角色。

在本案具体体现为:服务对象家庭系统的互动关系上存在冲突,服务对象不愿意与父母交流,也不听父母的劝阻,做事情总会坚持己见,父母只能从她的日记中了解她的状况。服务对象与父母之间缺乏沟通交流,导致现在的矛盾出现,所以社工需要积极引导服务对象,改变之前家庭的互动模式,形成良性的互动。

3. 社会支持理论

社会支持是指一定社会网络运用一定的物质和精神手段对社会困难群体进行无偿帮助的行为的总和。社会支持理论重视人对社会的适应性问题,认为个人通过对社会资源的广泛利用可以改善目前的生活状况,并强调人在社会环境中的感受,为个人的成长和潜力的发挥提供必要的支持。社会支持理论认为,个人问题的产生并非个人之过,而是社会大环境的问题,要解决问题,必须针对其整个问题系统,利用各种资源帮助其解决,因此在实践中常常与社会系统理论一起使用,社会系统理论是社会支持理论实务的后设理论,包括家庭、社区和社会三个系统,包括正式的社会资源和非正式的社会资源,从而形成了个人的综合性社会支持网络。

(三)干预策略和资源

1. 按照认知行为和优势视角理论,采用心理社会治疗模式,纠正服务对象错误的主观认知和行为,帮助她消除情绪困扰,减轻消极、悲观、无力感等负面情绪,重新树立对今后生活的信心,使其重新认识自己。

2. 按照增能理论，关注服务对象或者家庭的潜在能力以及运用服务对象或者家庭周围环境的资源，引导她结合自身情况在与他人及环境的积极互动过程中，获得更大的对生活空间的掌控能力和自信心，鼓励支持服务对象多参加一些社区组织的活动，积极参与社会的互动，进一步帮助服务对象获得更多能力，使得服务对象面对困难以及问题预防的能力得到提高。

3. 按照系统理论，改善服务对象的家庭互动关系，特别是与父母之间的关系，促使父母与服务对象之间加强沟通，加深理解，形成良性的家庭发展环境。

4. 按照社会互动和社会支持理论，鼓励服务对象积极参与各类社会互动，帮助其家庭建立起社会支持网络，为其引入社会资源，提供邻里、社区、社会等多层面的短期帮扶和长期济助，帮助服务对象减轻心理上的压力，使其有时间、精力和意愿去尝试参加更多的活动。

5. 精神病患者及康复者，他们多是社会上较为脆弱的群体，他们往往需要社区内正规或非正规的服务和照顾，去协助他们在社区内继续过正常的生活。社区照顾是让残疾人、精神病患者等福利服务对象回归社会的典型模式。社区照顾的目标是尽量维持残疾人等有需要人士在社区内或其自然生活环境内的独立生活。换言之，社区照顾表示提供合适的支援，让残疾人等社区人士可以在自己的生活上获得最大的独立性和自我控制。

六、实施过程

第一阶段：帮助服务对象认清自身的问题及需要（其中包括与人交往中服务对象存在的问题），寻找能够利用的资源，解决服务对象的问题和需要。

第二阶段：培养服务对象良好的爱好和兴趣，针对其喜欢帮助他人，逐步建立起她对生活的兴趣、希望和信心。将服务对象加入到我们的志愿者队伍中，帮助她增强能力，关注服务对象或者服务对象家庭的潜在能力以及运用。培养服务对象正确的价值观。

第三阶段：关注服务对象或者家庭周围环境的资源，引导服务对象结合自身情况在与他人及环境的积极互动过程中，获得更大的对生活空间的掌控能力和自信心，使其认识到自己的价值体现。

第四阶段：改善服务对象的家庭互动关系，特别是与父母之间的关系，促使父母与服务对象之间加强沟通，加深理解，为服务对象布置作业，每天回到家之后要和父母聊天。社工回访服务对象与父母交流的内容。

第五阶段：巩固服务对象与父母之间的关系，逐步引导服务对象改变对父母的态度，加深理解，形成良性的家庭发展环境，减轻服务对象的防御心理。

第六阶段：鼓励服务对象多参加社会活动，帮助其增能，使其积极性得到提高，更好地融入社会。

七、服务效果评估

（一）目标评估

初期目标已经完成，社工看到了服务对象的进步，服务对象的情况发生了改变，并且能够接纳自己，能够反思自己的错误思维，不再一味地按照自己的想法去做事情，并开始承认自身的一些问题，与父母之间的矛盾也在慢慢化解。

服务对象在与周围环境积极互动中，已经开始认识到自我价值，并慢慢地在自我价值的实现中获得满足感，其解决问题的能力也在慢慢地增强，自觉性也在慢慢地提高，正在争取赢得大家和社会的尊重，并表示在今后要更加积极努力。

服务对象与家人的关系也在不断地发生改变，现在她已经学会了在做事情之前为他人着想，对父母的不理解也越来越少，更多的是学会了互相理解，理解父母的苦心，不再和父母争吵，更多的是静下心来思考，为父母着想，这是社工看到服务对象进步非常大的一面。

（二）过程评估

在第一到第三阶段，通过与服务对象的访谈，服务对象的状况有所好转，能逐渐认识到自己的这种错误认识，其表示在以后的生活中会运用这种方法来解决自己遇到的问题，会反思自己的行为，自信心明显恢复。服务对象开始能够积极地正视生活，并认识到自己一直被自己的错误情绪所困扰。她表述自己现在的心态很好，可以合理地调节自己的情绪，相比较之前的心态，服务对象自身也感受到了自己变得很积极，在做事情和想事情的时候，会多一些思考，对于自己之前存在的情绪困扰，现在服务对象也在慢慢适应。比如她之前由于身体原因无法继续自己喜欢的工作，每次和社工提起时情绪都很激动，还会流泪。现在再和社工说起时，服务对象的心态很平和，愿意用自己现在的努力好好地回报社会，不再为自己现在所干的事情而感到自卑和无奈。现在服务对象拥有的是一颗积极向上的心，心态积极了，生活上的任何事情都会用积极的心态面对，这是服务对象很大的收获。

让社工感到欣慰的是服务对象与我们服务的另一位案主形成了互帮互助，社工鼓励服务对象继续保持这样的互助形式，可以慢慢地形成一个帮扶小组，可以一起帮助他人，服务对象表示很愿意。服务对象本身就是一个乐于助人的人，这样的互助方式很适合她，可以使她的自我价值充分地体现出来，让服务对象在帮助他人的时候获得更大的信心。

在第四、五阶段，社工引导服务对象，与其探讨与父母怎样相处，应该以怎样的心态看待父母的做法等。社工鼓励服务对象与父母多交流一些自己的想法，但不要与父母发生争吵，和父母坐下来好好地谈谈，说出自己心里的话，自己对父母的感觉，等等。服务对象表示自己现在与父母的交流互动比以前有了很大的改变，最大的改变就是知道为父母着想，现在不和父母争吵，更多的是对父母的理解。社工鼓励服务对象继续保持下去，多和父母交流，鼓励服务对象站在主动的一方，这样父母也会同样感受到自己的改变。服务对象表示今后会更加多地理解父母，现在做任何事情都会思考，尤其对待父母时，要多为父母着想，遇到意见不一致时，要心平气和地与父母交谈。这是服务对象之前没有过的，这也是她进步的一面。

第六阶段完成情况很好，服务对象现在已经积极地参加社会活动，在社区经常参加演讲比赛，在社区举办的活动中也充分发挥自己的优势。社区对于服务对象的帮助也很大，服务对象很感恩，并表示要通过自己的努力回报社会。

八、专业反思

在与服务对象接触的这段时间中，社工也处于学习锻炼阶段，所以在与服务对象沟通的过程中有许多不足之处，但社工本身还是感觉到了自己的进步，能够尝试着理论联系实际，努力运用专业的治疗理论和模式，既是对服务对象负责又是对自己的一种锻炼。社工始终以接纳、尊重、积极、真诚的专业态度对待服务对象，遵守个案工作的相关原则，合理运用了个案工作的相关技巧，在实施过程中，社工不仅体会到自己的改变，还深深感受到了服务对象的改变，这是社工服务的最大收获。在接下来的工作中，社工还要不断地学习和进步，与服务对象共同成长。

在与服务对象处理离别情绪时，社工对服务对象说，看到服务对象的变化，社工也很受鼓舞，每次看到服务对象的每一点进步时，社工心中也是很欣慰的，给予服务对象最多的就是鼓励和关心。服务对象表述在与社工接触的这段时间里，被理解了，并且能找到自己的价值所在了，有时候自己有解决不了的问题，社工总是服务对象第一个会想到要寻求帮助的人，并且很感谢社工做自己的倾听者。社工告诉服务对象，希望她在以后面对问题时，可以通过自己的努力来解决，社工希望带给服务对象的影响不是一时的，而是长久的。

个案选编5

修复家庭关系，给低智人员一个温馨的家

摘要：本案例是一家庭系统紊乱的案例。根据案主的主诉及社工对案主的观察和分析，案主的家庭关系面临以下问题：夫妻关系问题，即夫妻间缺乏沟通，案主经常遭到丈夫的打骂；亲子关系，案主缺乏教育孩子的技巧；案主存在心智弱化和社会化不足问题。该求助者自知力完整，有急切的求医欲望。根据案主家庭的特征，社工以认知疗法、系统理论和增能理论为指导对案主展开工作。与求助者共同协商制订了咨询目标与咨询方案。咨询过程有诊断评估与咨询关系的确立，干预、结束与巩固三个阶段。整个过程以消除错误的认知模式，建立新的合理的认知模式为核心，结合增能和恢复家庭系统等手段，循序渐进地开展工作。经过一段时间后，根据求助者的自我评估和他人反映，社工的评估：案主焦虑情绪缓解，社会化技能提高，夫妻关系和亲子关系得到改善。

一、基本资料

服务对象：荣雨（化名）

性别：女

年龄：36岁

出生日期：1976年5月28日

户籍：北京市朝阳区垡头一区×号楼×门×号

接案社工：桂敬娅，年龄21岁，毕业于北京青年政治学院社会工作系，北京市朝阳区七彩昀社会工作事务所垡头×社区一线社工。

二、接案时间及个案来源

服务对象系该社区低保户。2011年8月30日，由社区居委会转介给社工。社工经初次面谈后，与服务对象建立了专业助人关系，确定以荣雨的整个家庭为取向，作为评估问题和介入的重点，开展个案服务。

三、服务对象背景资料

案主家庭成员3人。案主一家现居住在父亲单位分的房子里，其父有退休金，居住在通州养老院。案主丈夫在通州一塑钢厂做临时工，一年回家两三次，以单位拖欠工资为由从不给付家庭生活费。案主丈夫对女儿从不管教，案主自身存在智力缺陷，不具备教育女儿的能力，导致案主女儿与同龄孩子相比行为略显缺少教养。案主女儿9岁，遗传案主智力缺陷，医院诊断为轻度智障，学校表示案主女儿可以在学校完成小学义务教育，但成绩不计入班级排名，老师也表示对案主女儿无能为力。案主父亲退休，有退休金2000元左右，案主父母离异，其父住在通州的养老院内，能够自理，院里有护工提供日常照顾。案主本人由于智力原因没有从事过任何职业。2003年9月1日，案主开始享受低保救助，合计领取1440元低保金，平时其父给她提供一定的经济帮助，案主每周一、三、五到街道温馨家园从事简单工作，每月有100元左右的报酬，除此以外案主无其他经济来源。案主眼睛患重度白内障，医院诊断右眼无光感，左眼视力值为0.4。案主经济支出主要是日常衣食和医药费。案主对门的邻居经常帮助案主，案主表述对门邻居是退休老教师，子女在国外，案主家剩余的饭菜都会放到邻居家冰箱，邻居也会经常送一些衣物给案主。案主心里有什么想不开的也会找邻居倾诉。案主有一个哥哥，但是和哥哥关系不好，案主表述哥哥从家里装修后就不让案主进门。案主与母亲之间靠电话联系。案主朋友主要是温馨家园内的员工，案主表述喜欢和同事交流，排解内心的不快。社区经常发放慰问物品或者慰问金给案主家，有新政策也会尽量想着案主。社工观察，社区在很大程度上向案主家庭倾斜。

四、问题的分析与初步诊断

（一）问题的分析

1. 案主优劣势分析

A. 案主的优势

（1）案主改变的意愿强烈。

（2）案主父亲有自理能力，在案主看病取药时，父亲可经养老院批准陪同。

（3）案主与女儿同住，有女儿在身边，女儿可以提供一些照顾。

（4）案主信任社工，愿意配合社工服务。

B. 案主劣势

（1）性情急躁，经常与女儿发生争吵。

（2）对病情过于关注，有时心情郁闷。

（3）案主对丈夫态度强硬，对丈夫心存不满，但不与其沟通。

2. 对案主与家庭、环境之间互动关系的分析

（1）案主所承担家庭角色的分析

案主在家庭中没有扮演好母亲的角色，家庭系统内没有权力架构，没有支配，家庭系统内没有相应的角色和功能架构，每个家庭成员都按照自己的生活方式生活。家庭功能失调，家庭架构不完善。社工认为，案主角色缺失的原因，一方面是自身的身体状况不能承担起家庭的重担，不能站在家庭的支配者的位置；另一方面就是案主父亲对案主的照顾，致使案主缺失家庭主动者的能力。案主主观参加的意愿被无形地削减。

(2)案主与亲属、朋辈关系、社区、社会等环境系统之间的互动

案主和哥哥的关系疏离,案主表述哥哥家装修之后就不让案主进门。案主与母亲之间靠电话联系,案主对门的邻居经常帮助案主。案主对门邻居是退休老教师,子女在国外,案主家剩余的饭菜都会放到邻居家冰箱,邻居也会经常送一些衣物给案主。案主有什么心里想不开的也会找邻居倾诉。案主朋友主要是温馨家园内的员工,案主表述喜欢和同事交流,排解内心的不快。社区经常发放慰问物品或者慰问金给案主家,有新政策也会尽量想着案主。社工观察,社区很大程度上向案主家庭倾斜。

(二)问题的诊断

1. 引发家庭问题的重大事件和原因

首先引发案主家庭陷入困境的重大事件是案主自身生理原因,无独立外出劳动的能力,致使家庭生活困难。案主丈夫外出打工,家里没有支配者的角色,致使家庭生活没有秩序,导致案主对丈夫的不满引发家庭矛盾和案主女儿缺少教育,导致其女性格暴躁,易发脾气,在家经常对案主发脾气,在学校亦被同学看不起,受同学欺负却不反抗。女儿花销无度,向案主骗取零用钱,甚至翻案主的钱包擅自拿案主的零用钱。

其次,由于案主智力的缺陷导致案主心理方面的不足,案主过于依赖为其提供帮助的人,一方面是帮助者没有考虑到提高案主自身的能力,另一方面案主也没有意识到帮助者可能会离开。

2. 主要问题的确定

(1)家庭经济困难,只能依赖低保救助金和父亲对其家庭贴补的支援才能维持生活,缺少其他渠道的稳定经济收入来源。

(2)案主在主观认知上存在偏差,过于依赖别人,忽视自身的能力,并且没有改变自身错误认知的引导者。对于个人能力的认识以及今后人生发展规划等方面都缺少正确的认知和长远的考虑。

(3)案主丈夫外出不归,并且不提供生活费,致使该家庭存在夫

妻次系统疏离,影响夫妻感情,同时案主无生活帮助者,自己独立生活有困难。

五、社工的介入目标及服务策略

(一)工作目标

1. 引导案主认识到自身的问题,消除影响家庭功能发挥的负面因素。

2. 改善案主家庭与周围环境系统的互动关系,帮助案主增强能力,合理利用各种资源,建立起有效的社会支持网络。

(二)服务策略、模式和理论

1. 按照认知行为和优势视角理论,采用心理社会治疗模式,纠正案主错误的主观认知和行为,帮助案主消除情绪困扰,减轻消极、悲观、无力感等负面情绪,重新树立对今后生活的信心。

2. 按照增能理论,引导案主结合自身情况制订新的职业发展计划和中远期的人生规划,支持案主积极参加各类劳动技能和就业辅导培训,提高案主对生活的适应能力和参与社会竞争的能力。

3. 按照系统理论,改善案主的家庭互动关系,特别是亲子关系,促使夫妻之间加强沟通,加深理解,形成良性的家庭发展环境。

(三)具体实施

1. 和案主面谈,了解案主的基本情况和案主对自身身体、交友的看法。

2. 和案主父母面谈,了解案主家人对案主的看法。

3. 帮助案主认清自身的问题及需要,寻找能够利用的资源,解决案主的问题和需要。

4. 引导案主用宽容的眼光看待身边的一切,调整案主的心理状态,保持良好的心态对待父母和身边的人。

5. 跟进服务。

六、具体实施过程

第一阶段建立关系阶段(时间2011年8月到9月)。通过帮助案主做一些力所能及的事情,与案主建立关系。社工在这一阶段主要以陪伴为主,通过陪伴案主买菜、看病等,与案主建立比较信任的专业关系。

在陪伴案主的过程中,社工了解到案主家中3口人,丈夫在外,女儿上小学三年级,案主轻度智残,眼睛重度白内障,无法手术,女儿有遗传倾向,家中无老人需照顾,案主居住在父亲的房子里。案主的丈夫是建筑工人,不经常回家,案主对此多有怨言。家人因案主情况特殊对案主也没有较高的要求。案主对女儿的教育方面有一定的困难。女儿表现得自由散漫,不听案主的教导,经常会对案主打一下掐一下,而案主也是恶声恶语地训斥她,并没有和女儿讲道理。通过案主的诉说,社工认为案主对自身的基本情况与对自身身体情况的看法有一定的认识,能与社工沟通。

社工通过陪伴,用同理心的方法拉近与案主的距离,案主对社工较为信任,经常给社工打电话约社工一起去医院看病,与案主建立起了信任关系,了解到案主的相关情况。案主希望与社工合作,希望社工能够帮助自己。

第二阶段为和案主父母及其家人交谈,了解相关信息(时间从2011年9月到10月)。在这一阶段,社工与案主父母交谈,了解案主在父母、亲人眼中是什么样的。

通过与案主父亲交谈,父亲认为案主能力欠缺,尤其是在教育女儿方面,导致外孙女目前行为举止欠佳。有一次老人对我们说:“外孙女的母亲这种情况,自己生活都是问题,对外孙女也是缺少管教,孩子的学习成绩是个问题。而我们对孩子进行教导,她完全不听。”社工对案主父亲的这一情绪进行了疏导,引导老人要理性看待问题。通过倾听、认同、理性分析的方法疏导父亲情绪,减少家人的心理压力,给案主建立家庭支持,让家人理解案主,支持案主。

这一阶段,社工收集到了相关资料,同时取得了案主家人的信任,家人非常赞同社工的介入与关心,也表示希望通过社工的服务能够对案主有所帮助,减少家庭压力。还在访谈过程中表示愿意积极配合社工工作,给予案主关心帮助。

第三阶段为帮助案主认清自身的问题及需要,与此同时社工寻找能够利用的资源,解决案主的问题和需要(时间2011年10月到12月)。在这一阶段,社工引导其谈论女儿未来及教育的话题,引发案主想问题,帮助案主说出困难,取得案主认同。运用理性情绪疗法,帮助案主纠正一些错误观点,在逐步讨论与分析中案主得到了提高,同时社工得到了案主的认同。通过多次与案主交谈沟通,案主在尝试改变,开始自己做家务,爱人回来后也不再抱怨,并主动做好饭菜等其回家吃饭。

社工在这一阶段中帮助案主总结出需从自身做起,案主需要解决的许多问题并不是直接给予帮助能解决的问题,而是需要从完善自身开始,从而缓解问题。

第四阶段为巩固案主的行为,引导案主用宽容的眼光看待身边的一切,调整案主的心理状态,保持良好的心态对待父母和身边的人(时间2012年1月到2012年2月)。在这一阶段,社工通过鼓励和表扬等方式,促进案主维持目前的行为状态。帮助案主运用优势视角看问题,鼓励案主的正行为。但是在这一阶段中,案主还是向社工抱怨一些问题,社工帮助其疏导心理情绪,同时鼓励案主多出去参加社区活动、温馨家园活动等,以便于通过活动缓解案主的孤寂感。案主欣然接受社工的建议。社工认为,这次为案主提供的社会实践和锻炼机会,符合案主的兴趣爱好,发挥了她的特长,增强了她的动手能力,给她创造了与人交流的环境,有助于她性格的改善。

通过这一段时间的介入,社工发现案主有明显改变,家里整洁了许多,案主对丈夫不像之前那么大发怨言了,而且案主也希望能和丈夫好好过日子。对他人的态度也有明显改变,女儿的教育方面也先从自身做起，为女儿创造良好的环境，然后再要求女儿、影响女儿。同时社工也在努力联系志愿者，帮助案主女儿学习。

第五阶段为跟进服务阶段。案主目前的主要问题已经得到了缓解，并朝着好的方向发展，社工认为可以结案，并制订了跟踪服务计划。志愿者方面还需要继续跟进联系。

七、服务评估

本个案中，因为服务地点集中在案主家庭，而且服务过程中基本不涉及物资等的运用，所以投入方面评估只从时间投入进行，本个案投入时间约为7个月，其中建立关系时间1个月，开展服务时间5个月，1个月处理离别情绪阶段，时间达到充分利用。

社工长期走访入户，并采用人本疗法、心理社会疗法等多种方法介入个案，缓解案主多疑、焦虑情绪。夫妻关系方面，由最初案主执意离婚到社工介入，为案主联系社区资源，通过居委会干部的调解、律师帮助、法院调解最终案主撤回了离婚诉讼。经社工观察案主谈论夫妻关系时表现出的精神状态说明案主夫妻关系明显缓和，同时案主再也没有向社工提及夫妻矛盾问题。案主女儿方面，介入初期社工了解到案主女儿在班级受孤立，没有朋友交往。介入后社工通过与案主沟通、联系学校老师，老师表示将积极发挥案主女儿的优势。介入后，案主女儿对社工说，我们班老师带我去别的班学习了，因为我喜欢唱歌，由此说明案主女儿在学校被老师充分发挥优势，展现了案主女儿自身价值。社工积极引导案主女儿参与社区活动，增强案主女儿的人际交往能力、团队建设能力。现案主女儿在小组中积极申请担任小组长工作，说明案主女儿能够从之前案主形容的有些"孤僻"到小组后积极参与活动，此改变对案主女儿今后的生活十分有益。

社工自身通过多方学习残障人士、儿童、家庭等多方面的知识，积极联系案主周边有利资源，以平等、真诚的态度面对案主，通过交流、改变认知、倾听、引导等多种方法,与案主建立信任关系。在为案主提供服务过程中,社工从对案主一无所知,到后来能够辨别案主言语真伪,到后来能够从案主的细微动作和表情中了解到案主的真实想法,同时社工也在成长。

八、专业反思

通过这个个案,社工发现:第一,建立良好的专业关系,取得案主及其家人的信任,是顺利开展个案的基础。在本案中,社工通过找到案主生活中的小的切入点入手,陪伴案主去医院看病、陪伴案主买菜等方式拉近与案主的距离,这是非常值得借鉴的。第二,案主的许多问题都是相互联系的,有些问题不是表面上的问题,是需要找到核心问题,然后从自身解决的。本案中案主的教育方式问题,是需要改变自己的行为,从而影响孩子。首先要让案主认同社工这一看法,从而让案主内心开始真心想改变。所以挖掘问题背后更深层的问题是很关键的,这点在本案中体现得较为明显。

当然在本案中也有一些不足之处,如对于案主女儿的学习问题,由于社工目前能够联系到的资源及本案结案的时间所限,并没有得到及时的解决,没有为其成功地找到志愿者。如果以后有机会,可以进一步跟进,解决案主这方面的需求。

个案选编 6

往事追溯，破解一位高龄老人的心灵密码

摘要：服务对象现年 93 岁，随着人际交往的减少，时间的空闲，服务对象会感觉孤独，由于对身体等因素的担心，服务对象有恐惧感，会担心自己生病而生活不能自理。如果这种恐惧感得不到很好的抑制或消除，会让服务对象身体健康产生问题。其次，由于缺少子女关爱而产生心理问题。服务对象失去了最亲的两个人，因此，她把所有的精神寄托都放在了儿媳身上，老人希望能得到儿媳的关心。但儿媳却没有对服务对象表示关爱，服务对象家庭系统的互动关系上存在冲突，婆媳关系相对紧张，服务对象认为儿媳对自己不关心，在家中不能感受到温暖。社工介入目标：帮助服务对象消除情绪困扰，减轻消极、孤独、恐惧等负面情绪，重新树立对今后生活的信心，享受晚年的天伦之乐。

一、基本情况

服务对象基本资料：

姓名：任珍（化名）

性别：女

出生日期：1920 年 5 月 8 日

职业：无

婚姻状况：丧偶

家庭地址：朝阳区垡头二区金蝉北里

二、接案时间及个案来源

服务对象系该社区低保户。2011 年 8 月 30 日，由垡头二区居委会转介给社工。社工经与案主初次面谈后，与服务对象建立了专业助人关系，确定以任珍的自身问题为主要取向，作为评估问题和介入的重点，开展个案服务。

三、背景资料

(一) 个人情况

服务对象 1920 年生人，曾经在别人家里做保姆，一干就是 30 多年，现年 93 岁，身体十分健康，与儿媳居住在一起。老人现在总感到孤独，孤独感与恐惧感影响着服务对象正常的生活。

(二) 家庭情况

服务对象的家庭成员共计 2 人，分别为服务对象本人及其儿媳，她们生活在一起。服务对象与儿媳关系不和，她平时爱与社区人聊天，儿媳很看不惯这点，觉得老人在外边说三道四。服务对象私底下对我们说儿媳经常训斥她，平时吃完饭都是由服务对象洗碗，老人也不能说些什么，因为服务对象的孙子对老人很好，并且孙媳妇马上就要生小孩了，老人很是欢喜。

(三) 重大事件

1. 丈夫去世。

2. 2005 年，唯一的儿子死亡。

四、预估及问题分析

(一) 问题的预估

接案社工根据入户访谈情况，对服务对象的问题进行预估，认为主要存在以下问题：

1. 服务对象在主观认知上存在偏差，对于生活的态度相对消极、悲观，对于生活现状的自信心明显不足，对于今后人生缺少正确的认知。另外服务对象对于亡夫和儿子的思念，使其还存在情绪困扰的问题。

2. 家庭系统的互动关系上存在冲突，婆媳关系相对紧张。服务对象认为儿媳对自己不关心，在家中不能感受到温暖。服务对象平时爱与社区的人聊天，儿媳很看不惯这点，觉得老人在外边说三道四。服务对象私底下对我们说儿媳经常训斥她，她也只能忍气吞声。

（二）问题的分析

1. 服务对象的主观认识存在偏差，生活态度很消极、悲观，总是存在一些心理困扰，比如恐惧感、孤独感以及对于亡夫和儿子的思念。社工应帮助服务对象消除心理问题的困扰，寻找能够利用的资源，解决服务对象的问题，满足服务对象的需要。

2. 服务对象婆媳之间的关系问题也是家庭中最突出的问题，服务对象与儿媳之间存在矛盾，这是家庭中最急需解决的问题，需要通过家庭治疗法解决家庭矛盾。

五、服务计划

（一）具体化的目标

1. 帮助服务对象认清自身的问题，纠正服务对象错误的主观认知，帮助其消除情绪困扰。

2. 引导服务对象参与社区活动以及我们组织的一些适合服务对象的活动，鼓励其与周围环境积极互动。

3. 引导服务对象用宽容的眼光看待身边的一切，培养其正确的价值观。

4. 改善服务对象的家庭互动关系，特别是婆媳之间的关系，促使婆媳之间加强沟通，加深理解，形成良性的家庭发展环境。

5. 帮助服务对象建立社会支持网络。

（二）干预模式或理论

1. 认知疗法

认知疗法是根据认知过程，影响情感和行为的理论假设，通过认知和行为技术来改变患者的不良认知的一类心理治疗方法的总称。认知疗法的基本观点是：认知过程及其导致的错误观念是行为和情感的中介，适应不良行为和情感与适应不良认知有关。认知疗法常采用认知重建、心理应付、问题解决等技术进行心理辅导和治疗，其中认知重建最为关键。

具体到本案，体现为：服务对象表现出以下心理状态：服务对象有一种孤独感，服务对象因为缺少关爱而感到孤单。随着人际交往的减少，空闲时间的增加，服务对象会感觉孤独。服务对象因为失去伴侣和儿子也会感到孤独。由于对身体等因素的担心，服务对象有恐惧感。她担心自己生病而导致生活不能自理。如果这种恐惧感得不到很好的抑制或消除，会对其身体健康产生影响，所以说服务对象自身的情绪问题是首先要解决的问题。

2. 家庭治疗模式

家庭治疗模式是以家庭为治疗单位，进入家庭，对家庭的功能通过往事追溯、重整旧经验、订立新规则、统合新旧经验等方式达到改变家庭的看法、改善家庭结构、改变家庭错误的世界观的作用，从而使个别家庭成员的家庭问题真正得到解决，解决服务对象的困扰。社工在这一过程中需要扮演解释者、示范者、引导者的角色。

在本案具体体现为：服务对象家庭系统的互动关系上存在冲突，服务对象现阶段最需要子女的关爱，现在只有儿媳在自己的身边，可是得不到儿媳的关爱，致使服务对象与儿媳之间缺乏沟通交流，不能很好地表达自己的想法，不能互相理解，导致现在的矛盾出现，所以社工需要积极引导服务对象，改变之前家庭的互动模式，形成良性的互动，并善于发现服务对象孙子这方面的优势，积极鼓励孙子、孙媳在服务对象与儿媳之间起到调和作用，充分发挥积极的作用，以正向的关系引导服务对象，多鼓励服务对象与儿媳之间沟通交流、加深理解。

3. 社会支持理论

社会支持是指一定社会网络运用一定的物质和精神手段对社会困难群体进行无偿帮助的行为的总和。社会支持理论重视人对社会的适应性问题，认为个人通过对社会资源的广泛利用可以改善目前的生活状况，并强调人在社会环境中的感受，为个人的成长和潜力的发挥提供必要的支持。社会支持理论认为，个人问题的产生并非个人之过，而是社会大环境的问题，要解决问题，必须针对其整个问题系统，利用各种资源帮助其解决，因此在实践中常常与社会系统理论一起使用。社会系统理论是社会支持理论实务的后设理论，包括家庭、社区和社会三个系统，包括正式的社会资源和非正式的社会资源，从而形成个人的综合性社会支持网络。

在本案具体表现为：服务对象现阶段的非正式社会资源支持很少，除了其儿媳、孙子以外，据了解没有其他非正式社会资源支持。服务对象主要依靠的正式社会资源有政府部门，主要是政策支持，享受低保补助、老年人补贴，社区支持也在其中，但与政府部门相比少很多。所以说社工应鼓励服务对象积极参与各类社会互动，帮助服务对象家庭建立起社会支持网络，为服务对象引入社会资源，提供邻里、社区、社会等多层面的短期帮扶和长期济助，帮助服务对象减轻家务和家庭照顾方面的压力，使得服务对象有时间、精力和意愿去尝试一些体育锻炼，如打太极拳等，有利于身心健康。

（三）干预策略和资源

1. 按照认知行为和优势视角理论，采用心理社会治疗模式，纠正服务对象错误的主观认知和行为，帮助服务对象消除情绪困扰，减轻消极、悲观、无力感等负面情绪，重新树立对今后生活的信心。

2. 按照系统理论，改善服务对象的家庭互动关系，特别是婆媳关系，促使婆媳之间加强沟通，加深理解，形成良性的家庭发展环境。

一方面，儿媳应该多给予服务对象更多的关心。服务对象喜欢和孙子一家人待在一起，就连普通的聊聊天，也能带给她许多的心理安慰。所谓享受天伦之乐，不是老年人自己待在空荡荡的房子里自娱自乐，而是和子孙们待在一起的感觉。儿媳、孙子要对老年人多一些理解与爱护，让服务对象更多地感受到家庭的温暖与呵护。

3. 按照社会互动和社会支持理论，鼓励服务对象积极参与各类社会互动，帮助服务对象家庭建立起社会支持网络，为其引入社会资源，提供邻里、社区、社会等多层面的短期帮扶和长期济助，帮助服务对象减轻家务和家庭照顾方面的压力，使其有时间、精力和意愿去尝试一些体育锻炼，如打太极拳等，有利于身心健康。

六、实施过程

第一阶段：纠正服务对象错误的主观认知，帮助服务对象消除情绪困扰（如服务对象对于亡夫和儿子的思念），减轻消极、无力、恐惧等负面情绪以及对故乡的思念。鼓励服务对象诉说往事，初期可集中较为愉快的人生经历，然后再过渡到较为消沉的往事，侧重聆听服务对象在诉说经历时的感受，尤其注意服务对象喜怒哀乐的情绪，帮助服务对象将那些被压抑的感受抒发出来。

第二阶段：引导服务对象参与社区活动以及我们组织的一些适合服务对象的活动，鼓励其积极参与各类社会互动、排解服务对象一些不安的情绪。

第三阶段：引导服务对象用宽容的眼光看待身边的一切（比如服务对象对于儿媳的不理解以及看不起儿媳的心理），调整服务对象的心理状态，保持良好的心态对待儿媳和身边的人。

第四阶段：关注服务对象家庭成员的表现（儿媳、孙子），鼓励他们要对老年人多一些理解与爱护，让服务对象更多地感受到家庭的温暖与呵护，在晚年可以享受天伦之乐。

第五阶段：对比服务对象之前的行为表现，关注服务对象的变化,从中了解到服务对象与儿媳的关系,是否得到了改善,进一步鼓励服务对象对儿媳加深理解。

第六阶段:服务对象由于缺少子女的关爱十分孤独,关注服务对象身边的资源,寻找志愿者定期陪老人聊天、散步、谈心、做家务等,为服务对象建立起初步的支持网络。

七、服务效果评估

(一)目标评估

目标已经基本完成,社工看到了服务对象的进步,服务对象的心态发生了改变,并且能够认识到自己所处的情绪困扰,在与社工的交谈中,服务对象积极释放自己心中的负面情绪,并对这些情绪有了正面的认识。服务对象与儿媳之间的矛盾随着服务对象的改变也在慢慢化解,她宽容的态度也在影响着儿媳。社工希望服务对象与儿媳之间更多一些沟通交流,互相理解,这还需要在今后的日子里慢慢改变。

(二)过程评估

第一至第三阶段通过与服务对象的访谈,服务对象的状况有所好转,自身存在的情绪困扰已经慢慢地减少,每次与服务对象交谈后,在下一次的交谈中,都会感受到服务对象的改变,而且都是积极的改变。服务对象能够面对现在的生活,积极向上,生活中的抱怨越来越少,对儿媳的态度也越来越宽容,提起儿媳不好的地方也越来越少。

第四到第五阶段社工更加积极引导服务对象多与儿媳交流,服务对象表示自己也在慢慢地改变。儿媳的态度也有所缓和,这是进步的一面。通过对服务对象孙子一家的了解,服务对象在孙子那边享受到关爱,弥补了在儿媳这里缺少的关心。

服务对象的积极性也在不断提高,社工鼓励服务对象在面对儿媳的时候,要多一些关心和理解,这是缓解与儿媳关系的最好的办法。服务对象表示接受,这是服务对象积极的一面。社工继续鼓励服务对象多发现儿媳好的方面，希望每次见到服务对象多听到夸儿媳的一面。服务对象享受到了孙子一家的关爱，心中很满足。社工通过对服务对象情绪的疏导使服务对象对自己行为上不正确的认知有了进一步的认识，社工不断重复服务对象的这些非理性的信念，让她更清楚自身存在的问题。但社工也同样在反思在这一阶段的不足之处——达到的效果没有初期预想的好。一方面是时间的限制，另一方面也是专业技巧运用上的不足。

第六阶段目前还在跟进中，与社区人员交谈，发现社区人员会定期地给服务对象家中打电话慰问，逢年过节也会慰问服务对象一家，但要长时间照顾、陪伴服务对象这是很难的，由于志愿者的匮乏，也没有找到合适的志愿者，所以还在努力中。

八、专业反思

在本个案中，社工收获了很多，不仅是专业上的知识，还有就是对自己的锻炼。一开始社工还是要不断地学习，慢慢地摸索经验，经验有了才会更好地为服务对象服务。

在本次个案中，社工首先在介入过程中采用支持性技巧，表达关注使服务对象感到被尊重；适时地表达同理心使服务对象感到被理解、被接纳，从而顺利与服务对象建立专业关系。最开始社工主动倾听，这帮助社工收集到很多服务对象的资料。其次社工在具体介入中采用了引领性技巧，使用澄清、帮助服务对象对模糊不清的陈述作详细清楚的解说。由于服务对象年纪很大，总会重复一些话语，社工适时进行对焦和摘要，整理概括谈话内容，避免服务对象跑题，围绕重点进行讨论。在运用专业技巧的同时，社工也在不断地学习，总结经验。

社工需要做的很多，在本案结束时，社工希望服务对象记住的不是社工，而是社工与服务对象每次交谈后总结的经验。在社工离开之后，服务对象能够忘记社工，自己独立行走。

个案选编 7

一个城市孤独者的社会化适应训练

摘要:案主王某三级残疾,无职业技能,2010 年其母亲去世后单独居住,主要存在经济困难、对亡母的思念和认知略有偏差等问题。社工接案后,主要针对以上问题进行介入,基本实现了宣泄其对亡母的思念情绪,减少了对其他家人和社会的负面情绪,增强其与邻居社区的互动,扩建其社会支持网络和增强其联结资源的能力等目标。

一、基本资料

姓名:王某

性别:男

年龄:44 岁

婚姻状况:未婚

学历:初中文化

接案社工:马晓璐,年龄 24 岁,毕业于北京社会管理职业学院社会工作系。北京市朝阳区七彩畇社会工作事务所左家庄社区一线社工。

二、接案时间及个案来源

服务对象系该社区低保户,2011 年 8 月 30 日由社区居委会转介给社工。社工经初次面谈后,与服务对象建立了专业助人关系,确定以王某为取向,作为评估问题和介入的重点,开展个案服务。

三、背景资料

(一)个人基本情况

王某,三级残疾,致残原因:小学四年级时头部受伤,影响其一定的学习能力与表达能力,现在头部有一凹陷的坑,头部有时候还会疼痛。

现状:案主没有职业技能,以前在点心厂当过工人,工作一段时间后,觉得很累不适应,就辞去了工作,此后没再就业。案主自从母亲去世后,与兄弟姐妹的关系较为紧张,不喜欢与他们来往。案主现在的生活比较拮据,主要有低保金与残疾人补贴,每月共600元左右。因经济原因,平时不敢看病,得病时基本都是先忍着,实在不行了再去医院。

(二)家庭基本情况

案主母亲去世后,便与其他兄弟姐妹鲜有联系,孤身一人生活。

(三)重大事件

1. 案主在小学四年级的时候头部受到重大的创伤,以致影响到学习及表达能力。案主的学习自信心略有不足,认为自己的学习不好,没有技能是头部创伤所致。

2. 2010年案主的母亲去世。案主的母亲住院期间没有其他人来照顾,只有案主一人忙前忙后。对此案主十分不满,与兄弟姐妹的关系恶化,这是案主与家庭成员疏远的主要原因。

四、主要问题及分析

1. 经济困难

案主的主要经济来源是低保金,每月500元,残疾人补助每月100元,共计600元,此外再无其他收入来源。因为与兄妹的关系不好,所以母亲去世后就基本没有得到过任何来自兄妹的帮助支持。案主的主要支出为平时生活的必需品和冬天的取暖费。还有突发情况的支出，如突然得病，这时候案主的支出就会增加，所以家庭经济困难。

2. 母亲去世后的孤独感

案主母亲的去世对案主的影响很大，家中现在餐桌上还摆着母亲的遗像，前面摆放着点心等供品；至今还留着母亲最后临走时在医院拍的片子，说明案主还是很思念母亲的。之后，案主的情绪无处宣泄，导致现在不爱与陌生人主动沟通。

3. 认知偏差

案主认为，现在的这种情况已经很好了，自己已经这样了，就只能这样过了，也不希望学习其他技能，希望安于现状，不希望改变。对于其家人的帮助，平时也是很抵触的。就目前来看案主的认知有一定的问题。

五、社工的介入目标及服务策略

（一）目标

1. 帮助案主从母亲去世的事件中走出来，宣泄案主的不良情绪，让案主对这件事情释然，能够积极主动地面对生活，增强其对家人的信任。

2. 引导案主认识到自身的问题，逐渐树立起案主对社会、家人的正面情绪和积极意义。

3. 改善案主家庭与周围环境系统的互动关系，帮助案主增强能力，合理利用各种资源，建立起有效的社会支持网络。

（二）服务计划

1. 帮助案主宣泄情绪，运用回忆的方式，帮助发泄情绪，释放心中的压力，以便更好地认清现实，提升案主的抗逆力。运用同理心和情感支持帮助案主抒发内心感受，给予案主情感支持。

2. 提升案主的自信自尊，运用增能理论帮助案主增能，使案主自信。鼓励案主外出活动，培养兴趣，增加与社区人员沟通的机会，提高沟通能力。

3. 根据非理性情绪疗法,与案主进行相关问题的讨论,让案主认识到自身不足,从而引起改变的欲望,达到让案主积极面对生活的目的。

4. 让案主多参加外出活动,鼓励案主多尝试,体验新鲜事物。

5. 帮助案主认清困难,鼓励案主与邻里互动,相互帮助,提高案主对小区的归属感,提高案主的抗逆力。

六、实施过程

第一阶段:专业关系建立阶段(2011 年 8 月底到 10 月中旬),社工通过电话预约时间,以上门服务的方式与案主建立了专业关系。

社工开始上门服务,案主不是很适应,略显拘谨。与社工的对话相对机械。社工没有从访谈中得到更多的资料。但是在第二次访谈中,案主态度明显改变,原因是案主通过了解,他在社区中为数不多的一位好友也在接受我们的服务,通过这位好友的介绍,案主接受了社工,从此以后案主积极配合社工,使社工在这一时期更加快速深入地了解了案主的基本情况。同时,在这一时期案主提出了希望社工能够帮助解决水暖费的问题。社工通过了解情况,确认案主对水暖费问题的解决存在一定的误解。此后,社工及时与案主沟通,澄清相关问题,案主表示理解,同时表示希望继续与社工合作。

社工从案主身边的小事做起,一点一点地与案主拉近了关系,虽然因条件所限没有直接帮助案主解决困难,但是通过社工的努力,还是与案主建立了专业的信任关系。

第二阶段:资料收集与问题评估阶段(2012 年 10 月中旬到 11 月底)。

通过与案主深入访谈,社工了解到案主的母亲去世对案主影响很大,经济上出现了很大困难,生活上也带来了很大压力。同时与家人关系恶化,导致现在的状态。与邻里的关系也不是很好。案主对于目前的社会很是愤世嫉俗,认为社会不公平,经常与计划经济时代相对比,认为现在社会不好。有一次案主说“那时候不花钱也能看病,现在不花钱,医生连理都不理你”。对于身边的小事儿案主也消极看待,同时案主不愿意外出活动,思维偏激。

社工在这一阶段没有解决相关问题,而是运用了倾听的方法,让案主宣泄心中的不满,了解到了案主内心的真实想法及相关的思维、行为方式,为下一步工作做准备。同时在此阶段社工进一步取得了案主的信任。

第三阶段:为澄清问题,宣泄案主心中的情绪阶段(2012 年 12 月到 1 月)。

社工通过倾听,对相关问题进行引导,让案主宣泄了因母亲离世而产生的情绪,改善了对周围人的态度,使案主产生了邻里互动,减少了对邻里、家人的负面情绪。

社工通过运用专业方法让案主宣泄母亲去世的影响,帮助案主总结母亲去世对案主的经济、生活方面产生的影响,取得了案主的认同;同时引导案主对于母亲的去世要释然一些,积极面对生活。社工给出了案主要多外出活动,多帮助邻里的建议,案主欣然接受。

在这一阶段,案主发生了很大的改变,积极帮助邻居,并及时与社工分享,社工对案主的此种表现给予鼓励。案主在此阶段开始积极主动地外出活动,多接触外界生活。平时在午休后开始外出活动,或者参观社区附近的免费展览。

第四阶段:为问题的介入阶段(2012 年 2 月到 3 月)。

由于案主的思维比较落后、偏激,社工只能通过与案主一次一次讨论进行案主认知的改变,同时鼓励案主多尝试体验。

社工在此阶段与案主进行多方面的讨论。从案主的兴趣开始,到助人为乐的问题,再到社会现状的问题,同时在讨论中引导案主往积极的方面想。由于案主生活经历所致,对案主的影响不是很大,但是在某些问题上已经得到了案主的理解。案主开始主动与社工聊起自己发现的生活趣事,如社区中助人为乐的人等,并且与社工分享感受。社工就案主引发的话题与案主进行分析讨论,对于积极的想法社工予以鼓励。案主虽然对社会的态度保留自己的意见,但是在生活中,社工发现案主已经开始积极寻找乐观积极的事物,并开始积极与邻居进行互助,如帮助邻里打水、交煤气费等。有时邻居会主动找案主帮助,案主也十分乐于助人。

第五阶段:为结案评估阶段(2012 年 3 月到 4 月)。

由于条件所限,社工无法继续跟进,但是案主已经有较为明显的改变,从邻里互助到自身认识已经得到了相当的提高,据社工评估,此案可以结案,并制订了跟进计划。

七、服务评估

(一)目标评估

案主的自身问题基本得到解决,案主对于母亲离世产生的负面情绪得到了化解,性格也渐渐开朗,与家人的关系趋于缓和,能够主动帮助邻居,与邻里形成良好的互动,形成支持网络,达到了预期目标。帮助案主从母亲去世的事件中走出来,宣泄案主不良情绪,让案主对这件事情释然,能够积极主动地面对生活,减少对家人的偏见;引导案主认识到自身的问题,减少对社会、对家人的负面情绪;改善案主家庭与周围环境系统的互动关系,帮助案主增强能力,合理利用各种资源,建立起有效的社会支持网络。

(二)过程评估

社工在介入服务过程中,基本能够恰当地运用社工方法和理论,如运用"非理性情绪疗法"帮助案主发现问题、认识问题,并与案主积极讨论分析问题。引导案主的正功能发挥,帮助案主认清自身的认识错误,从而在行为上有所改变。

八、个案反思

社工通过此案发现解决一个人的认识问题是很困难的，要想让一个人改变，最好的方法是让人努力尝试，进行全新的体验，这样有助于提高人的认识。同时，通过做此案，社工觉得案主的核心问题解决之后，案主会自觉地建立起支持网络。像此案，母亲的去世对案主的影响问题解决之后，案主开始主动帮助邻里，缓和邻里、家人关系。自觉主动地建立起了社会支持网络。这点在本案中体现也是较为明显的。

当然本案中也有一些不足之处，由于时间原因，社工无法继续陪伴案主进行体验与相关问题的讨论。在社工离开之后，案主能否继续努力发现周围生活中积极的事物，能否继续积极主动地看问题，这些问题没有解决。如果以后有机会社工可以从此方面入手继续跟进与陪伴。

个案选编 8

危机干预，社工守护低保家庭共渡难关

摘要：本案主为智障患者，并且患有较为严重的癫痫及肾病，日常衣食住行需专人照看。如今主要照顾者为案主妹妹，案主妹妹本人为二级肢体残障，日常行走需拄拐。由此案主、案主家庭存在案主病发时社工危机介入服务的需求，案主照顾者情绪支持及生活减压的需求，以及案主家庭申请经济适用房的需求。接案社工对此完成危机介入一次，在案主家庭危机爆发时，对其提供支持；同时社工通过入户并发展案主妹妹为小组成员为其提供情绪支持；另外，社工通过为案主家庭进行三房（廉租房、经适房、公租房）申请政策解读，为案主家庭住房紧张的状况提供政策支持。

一、案主基本资料

案主王阿姨，女，60 岁，智障患者，并且患有较为严重的癫痫及肾病。案主未上过学，从小便成为国家救助政策的帮扶对象。

妹妹，下岗工人，肢残。

妹夫，自由职业。

二、接案社工及个案来源

（一）接案社工

叶亮亮，24 岁，毕业于西南石油大学文法学院社会工作专业，助理社会工作师，北京市朝阳区七彩昀社会工作事务所和平街社区专职社工。

(二)个案来源

案主为和平街十四区社区低保户。2012 年 2 月 2 日,经社区居委会转介给社工。社工经初次面谈后,与服务对象建立了专业助人关系,确定其为服务对象,作为评估问题和介入的重点,开展个案社会工作。

三、案主家庭基本背景资料(即个案简介)

本案主从小便为一智力残障患者,兼有比较严重的癫痫和肾病,现需每日吃药维持。案主因智力残障无法与人正常交流。据案主照顾者(其妹妹)介绍,案主平日里基本上是在床上躺着,心情好时会哼哼小曲,喜欢听收音机。案主本人在 20 岁左右有过一次维持两年的婚姻,其丈夫亦是智障,后由于案主婆家人经常虐待案主,所以案主娘家将案主接回自家照顾,婚姻由此中断。案主现照顾者为其妹妹及妹夫。妹妹肢体残疾平时行走需要拐杖,现已退休并享有退休金。案主妹夫为自由职业者,时常需外出工作。据案主妹妹所述,案主犯病时,手脚抽搐,若案主妹夫不在家中,其单独一人照顾案主有困难,希望社工能进行危机干预。据社工观察,案主照顾者生活态度乐观向上,能在照顾患者时发现乐趣,时常与案主逗乐,家庭关系和睦。

四、问题预估与分析

(一)问题预估

社工通过多次入户案访,并结合案主家庭实际情况以及接案社工及接案机构现状分析,现将案主家庭所面临的问题进行如下总结:

1. 危机爆发后社工介入支持服务的需求问题

如上所述,案主本人为智障患者,并患有较为严重的癫痫和肾病。案主妹妹为肢残,日常行走需借助拐杖。案主妹夫需经常外出打工无法随时照顾案主。案主若犯病仅凭案主妹妹一人是没有能力送案主进医院的。所以,社工入户时案主妹妹向社工提出在案主家庭上述危机爆发时,希望社工能够进行介入。

2. 申请廉租房的需求问题

案主及案主妹妹一家现居住房屋为案主哥哥所有,案主哥哥已自己组织家庭。据案主妹妹所述,此房子是案主哥哥暂时提供给案主妹妹及妹夫三人居住的。在社工入户时,案主妹妹告知社工其有申请廉租房的意愿,但并不是很了解相关的政策。此点可作为社工介入服务的切入点之一。

3. 案主照顾者存在日常生活减压的需求

案主本人由于生活无法自理,衣食住行都需专人照顾,所以案主妹妹作为照顾者,必然存在很大的生活压力,有生活减压的需求。

(二)问题分析

1. 导致案主生活现状的重大事件

社工通过入户访谈发现,本案主从小便为一智力残障患者,兼有比较严重的癫痫和肾病,需每日吃药维持身体现状。案主无工作和交流能力,为城市最低生活保障金的救助对象。

2. 关于案主家庭危机爆发后社工介入支持服务的需求问题的分析

理论上对于危机的界定是指个体面临突然或重大的创伤而面临的心理失衡的状态,它通常会表现为无助、压力、慌张等情绪状况。本案主身患癫痫及较为严重的肾病,其目前生活现状存在随时发病的潜在危机。案主妹妹为肢残,日常行走不便,若案主妹夫不在家的情况下,案主犯病仅凭案主妹妹一人是没有能力送案主进医院的,所以社工入户时,案主妹妹向社工提出在案主家庭上述危机爆发时希望社工能够进行介入。从社会工作"助人自助"的层面及社会支持网络扩张的指导方向上看,社工对于此个案首先可以作为案主家庭危机爆发时,危机介入的一个支点,同时案主潜在的支持资源还包括社区居委会、邻居以及即将成立的十四区低保家庭小组成员。

3. 发展案主照顾者成为小组成员,运用小组对其进行情感支持

据社工入户了解,十四区社区同案主家庭存在相类似情况的家庭共有 4 户,通过小组聚会及经验分享相信能够给案主照顾者提供一定的情感支持,缓解案主日常生活压力。

五、社工的介入目标及服务策略

(一)长期目标

随时关注案主家庭动态,在危机爆发时进行危机干预;协助案主家庭申请经济适用房;对案主的照顾者进行情绪疏导及生活减压。

(二)阶段性目标和服务策略

此服务策略是在社工与案主专业关系建立后以及社工入户案访工作(即个案问题调查阶段)完成后拟定的,所以本个案负责社工在此仅对上述预估出的问题进行个案服务计划安排:

第一阶段:

计划实施时间:4 月份第三个星期内开展。

具体服务计划:针对案主家庭想要申请廉租房的需求,社工将以入户访谈的形式先为案主家庭带去相关政策的咨询服务;在符合申请条件的情况下,与案主一道去居委会提出廉租房申请。

第二阶段:

计划实施时间:根据案主本人疾病暴发时间而定,进行危机介入服务。

具体服务计划:为案主家庭介绍一些日常注意事项及智障患者的照顾技巧等,邀请案主照顾者参加十四区低保互助小组,从小组层面为案主扩宽支持网络,同时缓解照顾者的生活压力,并为其提供情绪支持。

六、个案服务过程

备注:本案主由于是智障患者,社工无法与其进行交流,且其为

女性,接案社工无法为其提供照看服务。社工的介入服务工作主要是针对案主照顾者展开的,并以此来为案主本人增进福祉。

(一)案主及其家庭专业关系之建立

2月22日,社工首次入户案主家中,了解案主情况,初步与案主家庭建立专业关系。

4月1日,社工再次入户,与案主照顾者一同分析家庭当前所面临的困境,及社工介入角度,社工同案主照顾者一道对案主家庭进行问题预估,同时确定个案服务计划,至此社工同案主家庭建立了较为理想的专业关系。

(二)危机爆发,社工对案主家庭进行危机干预

4月12日上午9点,社工接到本案主妹夫的电话,告知本案主现高血钾症病发,正在医院进行急救。社工闻讯后立即赶往医院。到达医院时,案主已在接受治疗,注射完镇静剂刚刚睡下,同时案主照顾者告诉社工院方已下达病危通知书。后通过访谈社工得知,案主此前已多次出现过类似紧急情况,所以案主照顾者也习以为常。据社工观察,案主妹妹和妹夫为案主就诊的事一大早就开始忙活,虽然此种危机情况之前已多次发生过,不过他们的情绪还是略有波动,表现疲惫。社工见状为案主妹妹和妹夫递水并运用鼓励和支持性言语以缓和平复他们的情绪。随后,院方工作人员告知和平里医院现缺少降钾药品,案主目前情况需要及时服用该种药品,该药品属处方药,需到中日友好医院取药。案主妹妹和妹夫需随时照看案主,社工当即前往中日友好医院挂号取药,并为案主垫付药费。社工回来后案主情况已较为稳定。社工放下药品,同时嘱咐当事人有情况随时联系社工,随后离开医院。

(三)通过小组为案主妹妹进行生活减压,同时针对案主照顾者开朗、乐观的性格特点,发展其成为小组领导者

4月18日为七彩昀成立一周年纪念日,机构举办了冷餐会。案主妹妹及妹夫代表案主参加了小组聚会。此次到事务所为案主妹妹

夫妇二人首次到机构参观，社工带领其夫妇二人参观了机构并向其介绍社工日常办公流程。在冷餐会开始之前事务所总干事向参加活动人员介绍了机构及低保服务项目目前的相关进展情况，同时也向与会人员表达了谢意。随后，与会人员在一片欢乐祥和的气氛中用餐，并对机构的建设及社工的介入服务表达了一些自己的看法和谢意。此次邀请案主家庭成员参加机构周年庆活动对于加深社工同案主间的专业关系以及案主家庭同事务所间的相互了解可谓是一次破冰之旅，相信此举将有助于服务双方关系的进一步深化。

5月10日、23日，6月4日、11日案主妹妹参加了低保家庭生活减压教育小组举办的共4期活动。案主妹妹在每次活动中都积极发言，善于调节小组气氛，是小组当中匿名的领导者。

（四）在一次小组中宣布结案，同时机构将与服务对象双方保持持久的互动和联系

6月11日，社工在最后一次小组聚会当中向小组成员宣告项目即将结束，同时社工也向组员表示会有后续相关服务项目，七彩昀将同服务对象保持长久的互动和联系。由于案主妹妹本人乐观、大方的性格，事务所将积极发展其为机构志愿者。

七、服务效果评估

（一）过程评估

本案主家庭仅案主一人享有低保金，而本案主为重度智障患者，社工无法与其进行语言交流，所以社工对本案主的服务主要是针对案主整个家庭系统来开展的，社工在此更多的是对案主的照顾者作一些介入。由于本案主的照顾者性格开朗，且较为健谈，社工在专业关系建立及案主家庭问题预估这一方面用时较少。由于案主家庭需求也比较明确，所以社工在完成三次入户访谈后便能清晰地作出案主的个案预估报告及服务计划。接案社工对服务计划的实施主要是从三个方面展开的。首先，社工针对案主家庭潜在的危机与案主家

庭长效有机的联系,让案主家庭能及时联系到社工及社区工作人员。其次,社工根据案主家庭想要购买经济适用房的需求为案主家庭带去相关申请政策及流程并为案主家庭成员细心讲解;最后,社工积极发展案主照顾者为十四区小组活动成员,这样一来能够运用小组系统对其进行情感支持,同时案主照顾者在小组参与过程当中积极的表现,在一定程度上有助于使其充分发掘自身优势,增强自信。

(二)目标评估

在对本家庭个案的服务过程中,社工主要是在案主家庭危机爆发时对其进行过危机干预一次;另外社工通过定期入户访谈了解案主近况,对案主家庭进行固定的陪伴和支持;同时社工积极发展案主照顾者为小组成员,发挥其在小组当中的作用;此外,社工在服务过程中充当了一回咨询者的角色,对案主家庭进行经济适用房申请政策解读。总体来说,接案社工对此个案的服务过程基本上能够按照预设的服务计划实施,且对案主家庭的不同问题和需求都进行了不同程度的介入。但是,由于接案社工服务个案数量较大,且不同低保家庭的突发状况也比较多,所以社工对本案主家庭的服务过程并没有严格按照服务计划预设实施的时间进行,服务的连续性相对不足。另外,由于案主本人本身癫痫及肾病发作几乎是阶段性的,且无法根治,所以案主家庭始终都有潜在的危机。据案主家人介绍,他们在处理危机的过程中有向邻居及居委会工作人员求助过,不过通过社工的介入,事务所将与案主家庭建立长期有效的联系。

八、专业反思

危机是指人们无法预见的、突发的、违背人们主观意愿的特殊性事件。由于危机的突发性,危机承受方往往会在危机发生时,产生惊慌、失措、恐惧和迷茫等负面情绪,而此时他们需要的正是陪伴、支持和引导。事实上,危机干预除了是社工对于服务对象应尽的责任以外,同时也可以作为社工同服务对象系统建立良好专业关系的一个契机和手段，而在本案服务过程中，社工在对案主家庭进行危机介入后与案主家庭建立了良好的专业关系便是一个有力的说明。另外，社工在同服务对象进行互动的过程当中，虽然名为为服务对象提供服务，但事实上，只要用心体会，社工往往能够从服务对象系统当中学到一些东西。以本案为例，案主本人自幼便为重度智障患者，几十年来案主妹妹始终不离不弃坚持照顾智障姐姐，其非但没有厌烦，还能够从中寻找到生活的乐趣，并向社工介绍其智障姐姐可爱的一面。社工认为，案主照顾者能够长期坚持照顾姐姐，绝不是一句简单的抗逆力所能概括的，而在这个过程当中，社工所看到的，正是当下这个浮躁的社会所罕见的人性光辉的一面！

个案选编 9

任务中心模式下的社会支持网络扩建

摘要:服务对象佟子患糖尿病,因生意失败,要变卖房产。社工介入时,服务对象面临住房困难和社会支持网络薄弱的问题。社工通过提供廉租房的政策支持,协助服务对象解决廉租房的申请问题,服务对象于2012年3月开始领取廉租房补贴;社工通过将佟子引入机构组织的社区活动和小组活动中,促使其融入社区、联结社区资源能力的提升,社会支持网络中的正式支持网络得以扩建。

一、服务对象基本资料

姓名:佟子(化名)

性别:男

年龄:46 岁

婚姻状况:已婚

家庭状况:母亲,69 岁;妻子,43 岁;儿子,19 岁

户籍住址:北京市朝阳区左家庄北里×楼×门×号

接案社工:许永霞,性别:女,28 岁,毕业于济南大学社会工作系,助理社会工作师,从事社工一年。北京市朝阳区七彩畇社会工作事务所左家庄北里社区一线社工。

二、社工的接案时间及个案来源

服务对象系该社区低保户。2011 年 8 月 12 日,经社区居委会转

介给北京市朝阳区七彩昀社会工作事务所社工。社工经与服务对象初次面谈后，与其建立了专业助人关系，确定以佟子的家庭为服务对象，以服务对象的家庭状况改善作为评估问题和介入的重点，开展个案社会工作。

三、服务对象背景资料

（一）服务对象个人资料

服务对象佟子年轻时做服装生意，因常年喝酒、抽烟等不良生活习惯患上糖尿病，后引发糖尿病综合征，每天都需要吃药来维持。案主的性格外向，善于与人沟通，情绪状况良好。案主平时跟朋友遛弯、养蝈蝈、玩核桃等，无强烈的工作意愿。服务对象 2010 年 3 月开始领取城市低保救助金，一家三口差额领取低保金每月 1050 元。

（二）服务对象的家庭资料

1. 家庭成员及其关系状况

服务对象的家庭成员共计 4 人，分别为服务对象本人、母亲、妻子及儿子。服务对象的母亲已经退休，有退休金维持生活，与服务对象关系融洽，但是在生活上与服务对象一家三口是分开的。据服务对象妻子表述，她身体也不太好，有妇科病并且眼睛不太好。服务对象儿子正在一家职业学校学习西餐，目前没有实习单位，待业在家。服务对象一家四口居住在母亲的公租房内，而且是跟别人合租的。服务对象母亲有单独的卧室，服务对象一家三口挤在一个不足 12 平方米的小房间，是上下铺结构的床，夫妻住下铺，儿子住上铺。

服务对象的家庭关系比较融洽，未显现出家庭矛盾或者家庭结构失衡的情况。

2. 家庭经济情况

服务对象一家三口领取差额低保救助金每月 1050 元，在居委会办理的是灵活就业，其妻在社区附近的京客隆超市上班，月收入 1000 元左右。服务对象的主要支出是夫妻二人的医疗费用、儿子的学费以及必要的生活支出，其收入基本能够承担但仍有困难。住房问题是比较紧迫的。

（三）服务对象的重大事件

1. 服务对象在做生意期间的不良生活习惯，使其在2002年患上糖尿病，后引发糖尿病综合征。

2. 2009年服务对象生意失败，变卖自住房屋，搬来与母亲同住。

四、问题预估及分析

因项目进度和社工更替等原因，服务对象的问题预估是在2011年底完成的。接案社工根据入户访谈情况，对服务对象的问题进行预估，认为其主要存在以下问题：

1. 住房困难

据上所述，服务对象一家三口和母亲一起住在与别人合租的公租房内，其一家三口居住在次卧（12平方米）内的上下铺，加上其他的家具房间很拥挤。另外，服务对象的儿子已经成年，所以，服务对象的住房问题是急需解决的问题。

2. 医疗开销负担过重

服务对象患有糖尿病综合征，需要药物维持；服务对象的母亲和妻子身体也不好，需要长期吃药。服务对象的城市低保救助中是有医疗保险的，虽然能够报销，但是仍然有困难。而服务对象的医疗情况不符合城市低保中的医疗救助，对于医疗问题不作为本次介入工作的重点。

3. 正式社会支持网络比较薄弱

服务对象的家庭本身是比较开放的，加上其本人性格开朗，之前做生意也结交了不少的朋友，其在家庭、朋友、邻里等非正式支持网络资源还是不错的，只是联结社区资源等相关正式的支持网络资源的能力较弱。协助服务对象建立社区、社会组织和社会等方面正式支持网络将是社工介入的重点。

五、社工的服务计划

（一）目的与目标

1. 目的

协助服务对象解决廉租房的申请事宜，扩建其家庭的社会支持网络尤其是正式支持网络，增强其联结各种资源的能力。

2. 阶段性目标和服务策略

第一阶段是协助服务对象解决廉租房的申请，时间是 2012 年 2 月，阶段目标是协助服务对象办理廉租房的申请事宜。

具体策略是，社工通过街道办事处住房办、居委会了解廉租房的申请资料、申请流程和具体的操作方式，协助其进入廉租房的申请流程。

第二阶段是服务对象的社会支持网络的扩建期，时间是 2012 年 1 月至项目结束。阶段性目标是协助服务对象扩展其社会支持网络，增强其联结、使用各种资源的能力。

具体策略是社工将服务对象引入到七彩昀社工事务所的小组活动和社区活动中来，协助其构建正式的社会支持网络。

（二）干预模式和理论

优势视角或称能力视角认为，每个人、群体、组织和社区都有其内在的能力，包括天赋、知识、社会支持和资源，只要存在适当的条件，就可以建设性地发挥自身功能。优势视角强调服务对象能力的提升，也是一个增能的过程，增能意味着帮助个人、群体、家庭以及社区在其内部或周围探求和扩展其资源与手段的意图和过程。

人在遭遇生活事件时，需要有资源应对问题、解决问题。资源分为内在和外在两种，社会支持网络是外在资源。社会支持网络可分为正式与非正式两类，非正式社会支持网络包括家人、朋友、邻里等；正式社会支持网络包括社区、政府、社会组织等。

服务对象本身性格开朗、乐观，善于与人沟通，服务对象是社会支持网络的扩建，只是缺少一个渠道，社工可以协助其开发这个渠道，或者成为一个桥梁，协助服务对象联结相应的资源。

六、社工服务计划实施过程

整个个案工作过程，社工共与服务对象佟子及其家人做了10次访谈，他参加机构组织的社区活动7次、小组活动1次。由于与服务对象的会谈次数较多，服务对象参加机构和社区的活动较多，社工试选每个阶段较为重要的工作作说明。

1. 与服务对象建立专业关系

2011年11月24日，服务对象家中，重新建立专业关系。

2011年11月下旬，左家庄低保项目社工有新旧更替，新社工需要与服务对象重新建立专业关系，新旧社工一起与服务对象面谈，因之前的专业关系基础良好，重新建立专业关系较为顺畅。

2. 提供廉租房的政策支持

2011年8月23日，服务对象家中，提供政策支持。

社工在了解到服务对象廉租房申请的需求后，积极了解廉租房的申请政策及具体流程，2011年8月23日，即为服务对象提供了政策支持。随后又多次协助服务对象准备相关资料，完善申请流程。

2012年2月8日，服务对象廉租房申请通过。

在2012年年初，服务对象参加机构活动时，社工已经了解到廉租房申请的实地察看的流程已经完成，在2012年2月8日的入户访谈中，服务对象的廉租房申请已经通过，并即将开始领取廉租房补贴。

3. 扩建服务对象的社会支持网络

2012年的1—4月，服务对象积极参与机构组织的活动，如参加“水仙花雕刻讲座”“新春联欢会”“新春送春联”“年夜饭”和“植物园踏青”活动，这些活动为服务对象融入社区提供一个平台，服务对象佟子在活动中充分发挥其善于沟通的优势，能够融入活动，并带动活动气氛。在“年夜饭”的活动中，服务对象发挥其厨艺的优势，和机构工作人员一起为其他服务对象准备了一顿丰盛的晚餐；在“植物园踏青”的活动中，服务对象能够与其他同伴分享其生活趣事，带动活动气氛。

4. 处理离别情绪，结案并跟踪服务

2012 年 6 月，社工与服务对象说明其基本问题已经得到解决，符合结案的条件，社工准备结案，服务对象表示接受。

七、服务效果评估

（一）目标评估

在社工介入服务中，服务对象的廉租房申请问题已经得到妥善解决；社工引导服务对象佟子参加机构组织的社区活动和小组活动为佟子融入社区、联结社区资源提供了途径，促使其社会支持网络的扩建。整体来看，最初设定的“协助服务对象解决廉租房的申请事宜，扩建其家庭的社会支持网络尤其是正式支持网络，增强其联结各种资源的能力”的目标基本实现。

（二）过程评估

社工在介入服务过程中，充分发挥了“资源联结者”“中介”的角色，为服务对象提供政策支持，为服务对象社会支持网络的扩建提供渠道和途径。

八、专业反思

此个案是机构第一个项目的首批个案之一，社工能够根据服务对象佟子及其家人的具体情况运用专业理念和方法提供有针对性的服务，社工的实务能力得到了提升，积累扎实的实务经验。但是在社工干预和介入过程中也暴露出一些问题和不足，社工的引导能力稍显不足。在 2012 年 3—5 月的系列小组活动中，社工原计划是让佟子充当小组领导者的角色，但是小组活动内容未能吸引佟子参加，社工的引导也未能发挥作用，佟子未能成为小组的一员。

此个案是个相对成功的案例，成功的原因在于社工能够准确地判断服务对象的问题，并提供有针对性的服务。

个案选编 10

优势视角,在困境中捕捉希望

摘要:案主于某家庭存在的主要问题是女儿的实习问题,未来的工作问题,于某的目前心理状态问题。社工在了解到于某女儿的想法后,积极鼓励,帮助案主分析目前可以掌握的资料和具备的基本能力,帮助于某的女儿树立信心。同时社工注意挖掘并协调相关资源,为于某女儿提供就业信息,帮助找到实习单位。之后,由于工作上的某些原因,于某女儿决定离开,寻找新的工作。从于某女儿积极找工作这件事可以看出于某女儿心态上有了良好的转变。于某也因女儿工作问题的解决,心态变得良好。社工通过倾听、理解、支持等专业方法帮助于某舒缓心中的压力,鼓励其多外出活动,积极面对现状,并得到于某认同。目前于某正积极治疗,还主动找病友谈论相关问题,生活状态积极。

一、基本资料

服务对象:于某

性别:女

年龄:46 岁

户籍:北京市朝阳区左家庄北里×楼×门×号

接案社工:马晓璐,年龄 24 岁,毕业于北京社会管理职业学院社会工作系。北京市朝阳区七彩昀社会工作事务所左家庄社区一线社工。

二、接案时间及个案来源

服务对象系该社区低保户，2011年8月30日，由社区居委会转介给社工。社工经初次面谈后，与服务对象建立了专业助人关系，确定以于某的整个家庭为取向，作为评估问题和介入的重点，开展个案服务。

三、背景资料

（一）个人基本情况

案主于某，为公交售票员，两年前患有肾病，所以暂时在家养病，同时申请领取低保，2013年3月达到退休年龄。因为疾病原因，案主需卧床休息，平时不参加社区活动，家人对此也有意见，有时进行争论。家人从医生那里了解到适当运动有助于病人病情的缓解，女儿也愿意陪母亲遛弯、去超市等，但是案主不愿外出活动，平时家中亦无亲朋来访。家人十分担心女儿工作问题。

（二）家庭基本情况

案主家中有三口人，分别是案主、案主的父亲及案主的女儿。案主的父亲年近80岁，三人住在一套两居室中。现在家中的主要经济来源是老人的退休金2000多元，案主与女儿的低保金775元，出租了一间房屋每月获得收入约1000元。案主家没有廉租房补贴，因为老人已经将房子转到孙女名下，不能享有廉租房补贴。女儿任某，2012年7月毕业，目前在北京联合大学计算机专业就读，专科生，目前急于找一个适合的单位实习，家人为此也比较着急，希望她能够找到合适的工作。

（三）重大事件

1. 在2008年，案主与丈夫离婚，导致心中压抑，不喜欢外出活动，人际关系淡漠。

2. 2009年，案主检查出了肾病，从而失去工作，住进医院。

四、预估与问题分析

1. 案主的情绪问题。对于疾病，案主的心理状态不好，不外出活动、遛弯、交流等，与家人关系有时候也不和。对于女儿的工作问题十分着急，以致影响相关的行为。

案主因为疾病导致现状，首先是没有正确的发泄渠道，宣泄负面情绪，没有在关键时刻得到鼓励支持，导致心态不好，行为上不是很积极。女儿是家中核心成员，所以女儿的工作问题也是引起案主情绪困扰的一个主要原因。鼓励支持，理解案主是社工的首要目标。

2. 案主女儿的工作问题。案主女儿是家中的核心，家里人都十分关注她。女儿的实习问题是首要问题，本人希望找到一个良好的实习单位，并希望通过实习能够顺利找到工作，解决工作问题。

解决女儿工作问题，需要案主认清自己的优势和劣势，建立起找工作的信心，增强就业积极性。社工应鼓励案主女儿努力尝试，帮助总结面试技巧。同时应整合相关资源，为女儿提供就业信息。

五、服务计划

（一）总体目标

1. 克服女儿的自卑感，缓解心中压力，增强找工作的信心。

2. 缓解案主负面情绪，鼓励案主积极面对，帮助案主建立信心，改善案主目前较为封闭的状态，促进其更快融入社会。

（二）具体目标

1. 帮助案主女儿找到适合的实习单位。

2. 帮助案主女儿找到毕业后的工作单位。

3. 督促案主多外出活动，与人交流。

4. 鼓励案主结交朋友，建立相应的社会支持网络。

（三）服务策略和资源

1. 收集并研究资料，了解案主的生活状态、主要问题，建立专业关系。

2. 与案主女儿进行交谈,助其认识到自身的优点和弱点,树立新的人生目标。

3. 提供案主女儿参与社会实践的机会,提供就业信息,增强其自立能力,助其就业。

4. 联系相关资源,帮助提供相关岗位招聘信息。帮助案主女儿找到适合的实习地点。目前社工事务所已有资源为社区居委会的支持,社区周边公司的招聘岗位和某些政府部门的相关岗位招聘信息。

5. 及时跟进了解案主女儿的工作适应情况,了解工作状态,及时解决工作问题及工作压力。

6. 如果就业中出现适应问题,根据实际情况随机应变,帮助案主女儿解压,提高适应力。实在无法解决,就帮助案主女儿做好再次就业前的准备,鼓励她走出家门,寻找工作机会,结交一些同辈群体,使她能够独立地走向社会,而不是一味依靠社工的服务。

7. 与案主进行沟通,舒缓案主的情绪,鼓励案主多外出活动,多与人交流。

8. 邀请案主及其家人参加社区活动,增强与同辈群体交往的能力,使其性格逐渐开朗。

9. 回顾整个过程,巩固几次服务的成果,对案主及其家人的努力予以表扬和鼓励,并做好跟踪服务。

六、服务过程

(一)第一阶段为建立工作关系阶段

社工从帮助案主家的小事情做起,帮助案主家里做家务,同时倾听案主的倾诉,较为成功地建立了相应的工作关系。

那时候案主一家三口在家里等待社工的到来。社工通过多次访谈了解到案主患有肾病,不断复发,有时需住院治疗,案主除了每周固定的几天去医院复查外,少有出门,平时只能躺在家中。起初案主家人对社工不是十分信任,对于某些触及案主家庭及自身的问题不愿意回答。这时社工发现案主家中有一些琐碎家务希望能够少花钱解决问题。社工在了解这一问题后,通过机构资源,亲自上门服务,帮助其解决。案主一家人十分感谢,要写表扬信给社工机构,社工表示感谢。此后,案主一家开始信任社工。同时社工了解到案主平时不出门活动,家里人对于案主也有意见。案主的女儿在联合大学上学,今年毕业,现在忙于找工作,找实习地点。家中所有人对这件事情较为看重。

(二)第二阶段为评估阶段

社工在这一阶段了解案主女儿的目前状态及工作意愿,同时帮助案主女儿认识目前自身的优点和弱点。

与案主女儿的访谈了解到案主女儿的基本情况:她现在在联合大学计算机专业学习,专科生,面临毕业前实习与就业的问题。案主女儿目前已经面试过几家公司,方向是计算机方面的工作,但是都不是很理想,也面试过助理类的工作,但是都以失败收场。

社工与案主女儿进行了讨论,分析可以干一些其他的工作,不一定要专业对口,根据自身的优势可以从某个行业的助理做起,起点可以低一点,这样比较容易找到工作。优势是计算机,对于普通的办公软件也很熟悉,能够运用所学做一些行政类的工作。但是目前没有工作经验是劣势,应当扬长避短。这点得到了案主女儿的认同。同时,社工鼓励案主多去尝试,多去寻找工作,争取更多的工作机会,案主女儿对于社工的建议欣然接受。同时社工表示也会提供相应的就业信息帮助案主女儿找到工作。

(三)第三阶段为案主女儿工作问题介入阶段

帮助案主女儿提供工作信息,找到实习单位。

社工根据案主女儿的特点,结合机构现有的资源,提供了一份离家不远的街道的一份实习工作,如果在实习期间表现良好的话,可以暂时留在街道。社工感觉一个刚刚毕业的大学生,没有工作经验,急需找到工作,是非常难的,但是案主女儿坚持不懈,并通过与社工的交谈了解了一些面试技巧,增强了信心,勇敢地继续寻找工作,社工觉得案主女儿已经迈出了成功的第一步。同时在这一阶段社工也及时地给予案主女儿支持与鼓励。案主女儿在这次面试后成功地找到了实习单位。

(四)第四阶段为案主的介入阶段

社工为案主进行情绪宣泄的鼓励与支持阶段。

社工在这一阶段主要采用了倾听以及同理心的方式。在工作过程中社工首先倾听案主对于疾病的倾诉以及对于疾病的看法,鼓励案主积极面对现状,同时鼓励案主并陪同案主外出活动,在医院积极配合医生治疗,病情有所好转,家人及社工都十分高兴。但是案主急于将自身疾病治好,和医生主动商量减少激素量,结果在这一阶段中案主病情又复发,于是再次住院。在住院过程中,案主因为社工的介入,心态良好,负面情绪较少,同时在住院过程中主动和一位病人交谈,成为了病友,相互支持,形成了良好的互动。出院后病友还时常到家中来看望案主。社工了解到这一情况后,对于案主这一行为表示赞同、认可与鼓励。同时对于案主的积极向上的心态给予了极大的肯定。通过优势视角,帮助案主分析了这样的优势,对目前疾病康复的好处,案主比较认同。由于女儿的工作问题已经解决,案主心情十分舒畅。对家人脾气改变很大,不再因为小事与家人争吵。目前案主每天上午外出活动,遛弯,积极配合医生治疗,下午有时候会有病友来看望案主,谈论相关的病情,相互支持鼓励。社工对于目前案主的状况较为满意。

(五)第五阶段为检讨与跟进阶段

社工在此阶段了解案主女儿的工作情况。社工对于本案进行了跟进。

通过与案主的访谈了解其女儿最近的工作情况,得到案主女儿不太能够适应工作的信息。据案主所述,主要是因为工作单位的领导对案主女儿有不轨行为。案主女儿不太能够适应目前的工作环境。社工在了解到这一情况后,及时与案主女儿进行了沟通。案主女儿对于上司的不轨行为不能接受,希望能够换个实习单位。

社工与案主分析了现在的就业压力,说清了目前案主女儿的现状与得失。案主女儿接受了社工的建议,目前先继续工作,毕业后一定会离开这个单位。同时社工表示如果有合适的岗位会介绍给案主女儿。在这一阶段的访谈过程中,因为看到社工对于家人的影响,案主女儿也提出了希望做社工的愿望,希望考社工证,从事社工职业。但是因为具体条件,案主女儿目前还是不能考取社工证,社工鼓励其不要灰心,可以先看看社工类的书,提高对社工的认识,并且参与志愿者活动。案主女儿对此表示理解。目前案主女儿正以积极的心态寻找工作。

(六)第六阶段:终结阶段

案主及其女儿目前的主要问题已经得到了缓解,并朝着好的方向发展,社工认为可以结案。

七、服务评估

(一)目标评估

本案基本达到社工预期目标,为案主女儿找到实习单位,并寻找以后的工作单位。虽然案主女儿因某些原因选择自行离开再找工作,但已经完成社工的预期目标。案主女儿已经能以积极的心态面对找工作这件事情。对于案主,目标也已完成,目前案主生活状态良好,心态积极向上,平时病友经常找案主互相探讨相关疾病问题,形成相互支持。

(二)过程评估

社工在介入服务过程中,基本能够恰当地运用社工方法和理论,如运用“优势视角”和“帮助女儿回顾面试经历和过程”,发现案主女儿的就业技能和优势,运用专业方法理性地帮助案主女儿分析自己的优势和劣势。运用引导、理解、支持的方法促使案主女儿对找工作重建信心。同时运用社会工作中增能等相关技巧帮助案主克服目前困难,积极面对目前困境,使案主达到心境平和。

八、个案反思

通过介入本案,社工对于接案阶段感触颇多。社工认为要想建立好专业关系,就要从案主的实际需要出发,先解决案主家中的小问题,与案主同行,陪伴案主,帮助案主做一些实事,案主才能逐步接受社工,了解社工,从而建立更加信任的关系。另外,帮助关心案主家中的关键人物,也会引起家庭成员对社工的重视。本案中的关键人物是案主的女儿,对于案主女儿的帮助也引起了家庭中其他成员对社工的理解,从而更好地建立了专业关系。其次社会工作是很必要的,案主女儿从一开始对社工这一职业有一点兴趣,在体会到社工一段时间的服务后,决定想考社工资格证,从事社工职业,从心理上发生了很大的转变,希望通过学习能够帮助别人,这一点对案主女儿是一个很大的收获。虽然因为种种条件所限,案主女儿未能考取社工资格证,但是从心里已经感受到社工的工作方法,并且十分认同。这对案主女儿及社工都是一个鼓励。

此个案是机构第一个项目的首批个案之一,也是社工的第一个个案,在个案工作中暴露一些不足:

1. 社工对于问题的把握和处理还是比较薄弱的,开始的时候无法正确地把握案主主要需求,虽然经过一段时间的介入,了解明确了问题所在,但是在运用社工谈话技巧方面还有待提高。迅速、准确地把握案主需求,并用专业的方法予以回应,是社工以后应提高的方向。

2. 此个案开展过程中,案主女儿目前虽然已经积极寻找工作,基本达到"自助"的目的,但是由于时间原因,没法为其提供进一步服务。如有机会,可以积极跟进,继续为其服务。

个案选编 11

解决困境，让爱心不再徘徊

摘要：服务对象为患有严重精神疾病的女性，无生活自理能力，日常生活全部由其母亲照顾。服务对象有一养女，因身份户籍问题无法正常入学、工作。社工通过协助服务对象家人办理养女户籍入手，解决服务对象家庭紧迫问题，同时通过明确服务对象家庭关系角色，健全服务对象非正式支持网络。

一、服务对象基本资料

姓名：王红（化名）

性别：女

年龄：46 岁

婚姻状况：离异

家庭主要成员：母亲、三个哥哥、养女

户籍地址：北京市朝阳区机场街道办事处南路西里社区 × 号楼 × 单元

接案社工：贾华一，男，32 岁，毕业于沈阳农业大学，从事社会工作一年。北京市朝阳区七彩昀社会工作事务所机场社区一线社工。

二、社工接案时间及个案来源

服务对象系该社区低保户。2012 年 3 月，经社区居委会转介给北京市朝阳区七彩昀社会工作事务所社工。社工经与案主家人初次面谈后，确定以案主家庭为服务对象，与其建立了专业助人关系，以服务对象家庭的社会支持为评估问题和社会工作介入的重点，开展个案社会工作。

三、服务对象背景资料

（一）服务对象个人资料

服务对象王红46岁，患有严重精神疾病，属一级重残，无生活自理能力。与丈夫离异后，一直与母亲生活，由母亲照顾。在社工几次入户过程中，服务对象均在家卧床，且神志不清，无法辨识来人，需由母亲按时喂药。据其母介绍，除非特殊情况，如奥运会或“两会”期间，由派出所送去精神病院，服务对象平时极少出门。

（二）服务对象的家庭资料

1. 家庭成员及其关系状况

服务对象家庭成员有：母亲、三个哥哥、嫂子、女儿王萍萍。服务对象目前与母亲共同居住，其几个哥哥和嫂子住在同一个小区，都保持较好的关系。服务对象经历过一次婚姻，以离异告终，目前与前夫无任何联系。服务对象有一个女儿，19岁，为弃婴，由其母亲抚养长大。

2. 家庭经济状况

服务对象因精神疾病一直未就业，收入只有低保金每月520元及残疾人补贴每月100元。服务对象的母亲是机场退休人员，退休金较高。服务对象的主要支出为看病和买药。家庭其他日常开销包括女儿上学学费等支出，均由服务对象母亲承担。若遇大额支出，由服务对象几个哥哥筹集。服务对象于2008年已申请廉租房，2011年曾进行配租，因所配房屋面积太小，无法保证两人居住，故予以放弃，现正等待第二次配租。因服务对象现住房为其母亲所有，故未申请廉租房补助。

（三）服务对象的重大事件

1. 离异。服务对象曾有一段婚史，后丈夫与其离异。

2. 收养。1993 年，服务对象母亲在机场附近农贸市场捡到一个弃婴，考虑服务对象所患疾病不能生育，遂决定收养该婴儿，但一直未办理相关收养手续，属事实收养。

3. 办理收养手续。为解决服务对象女儿身份问题，2010 年，服务对象母亲及其嫂子到政府相关部门办理收养手续，因相关政策问题，至今未能办理收养手续。

四、问题预估与分析

2012 年 3 月经社区居委会转介社工介入服务对象家庭。根据入户访谈情况，社工对服务对象及其家庭进行初步预估后，认为服务对象家庭主要存在以下问题：

1. 服务对象养女户籍身份久未解决，对求学就业产生严重影响。

社工在入户访问中得知，服务对象女儿王萍萍本为案主母亲在农贸市场拾到的弃婴，考虑案主本身不能生育，遂决定予以收养。但因未能办理相关手续，王萍萍亦一直没有户口及身份，其小学、初中阶段均为借读，后就读于社区内一所职业高中，去年 7 月毕业，因没有户籍身份，无法取得毕业证书，找不到工作。对此，其家人于 2010 年 10 月为其办理相关手续，截至社工介入，其计生、收养等手续已办理完毕，3 万元社会抚养费也已缴纳，正在等待市公安局审批，但已一年多未有任何审批消息。

2. 服务对象家人对其养女未来职业及成长规划未有明确想法。

基于户籍和身份的原因，案主女儿王萍萍无法获得毕业证，也已错过学校毕业分配工作时机，目前只能在机场一酒店做临时服务员。对自己今后的职业及成长，王萍萍及家人未有任何计划，每当社工问及此问题时，均表现较为迷茫。

3. 服务对象母亲身体欠佳，将来去世后，服务对象由谁来照顾尚未明确。

案主本身为严重精神病患者，无任何生活自理能力，平日生活起居完全靠母亲照顾。现案主母亲年事已高，患有糖尿病等多种疾病，身体健康每况愈下，待其百年后，案主生活如何延续，由谁照顾是日后最大问题。

4. 服务对象所申请廉租房无法满足生活需要，也未申请领取租房补贴。

案主已申请廉租房，且于2011年进行了实物配租，但所获配租指标只有案主一人，房屋面积较小，只能满足一人居住。案主母亲考虑案主无生活自理能力，无法独自生活，遂放弃已配租实物住房，且一直未申请领取租房补贴。

五、社工介入的服务计划

（一）服务目的与目标

1. 服务目的

根据已获知的案主及其家庭具体信息，结合社会工作理论，此次社工介入服务的主要目的有二：一是提供支持，缓解案主及其家庭困难；二是促进案主家庭发掘自身潜力，实现其自身的发展。

2. 阶段性目标及服务策略

根据案主及家庭存在的困难与问题，结合个案服务目的，本次介入服务主要分为两个阶段：

第一阶段：提供支持，缓解案主家庭困难。

开始时间：2012年3月8日

具体策略：本阶段社工主要角色为政策提供者和资源筹措者，主要解决案主女儿王萍萍户籍身份问题及案主廉租住房问题，同时，考虑到案主家庭的特殊情况（均为老幼病残人员），此阶段需社工提供更多的现实支持。

第二阶段：发掘潜力，促进案主家庭发展。

开始时间:2012 年 5 月 7 日

具体策略:本阶段社工主要角色为资源筹措者,主要解决案主家庭支持网络问题,重点在于案主女儿日后职业生活规划及案主在母亲去世后生活照顾问题,促进案主家庭发展。此阶段需社工与案主其他亲属进行深入交流。

(二)干预模式和理论

根据案主的家庭情况和需要解决的问题,本案例中,社工主要采用"任务中心模式"理论。任务中心模式理论认为,人的生活与成长可以看成一个不断完成任务的过程,当个人遇到无法独自完成的任务时,就会出现问题。社工在服务过程中,只需协助被服务对象克服这个困难,其他问题就可迎刃而解,完成任务就意味着克服困难。

任务中心模式主张在服务过程中,首先应制订明确的计划与时限,如此才可能达成治疗的目标。它认为人有解决问题的能力和潜力,个人通过专业服务的过程,可以增强解决问题的能力及学习方法和技巧,从而可以运用这些能力、方法和技巧面对日后可能发生的类似问题或新问题。

本案例中,案主家庭当前的主要问题,就是其女儿的户籍问题,通过社工适时的引导及干预,以解决该问题为任务,其他问题可以通过自己的努力解决。

六、社工介入实施过程

根据服务计划,截至 2012 年 4 月底,社工共对案主家庭进行了 4 次访谈,协助案主家庭解决了困扰多年的户籍问题,同时,对案主家庭的日后规划及支持网络的建设作了初步的明确。

1. 协助解决王萍萍户籍问题

本阶段的介入,主要在于解决案主家人的户籍与廉租房的问题。在介入过程中,社工与案主家人一起,咨询、协调、督促有关政府部门,最终成功解决了困扰案主家庭多年的难题。具体过程如下:

时间	办理事项	结果
1.联系相关部门,协助案主办理户籍审批相关问题		
2012年3月8日	就王萍萍情况咨询街道民政科	获悉王萍萍在民政、计生等部门的户籍审批前置手续已办理完毕
2012年3月21日	陪同案主母亲到机场派出所询问相关问题	负责人史警官不在,无果
2012年3月25日	帮助王萍萍家人电话联系史警官	仍不在
2012年3月29日	帮助王萍萍家人电话联系史警官	其表示相关材料已上报区公安分局,具体进度自己不掌握,并表示不知道区公安分局负责人电话
2012年3月29日	帮助王萍萍家人电话联系区公安分局户籍科	接听人员表示负责人员外出,有事需后天联系
2012年3月31日	帮助王萍萍家人电话联系区公安分局户籍科	负责人员表示材料已上报市局人口管理处,为何长时间未审批其表示不知道,具体原因需自己去问,并告知市局联系电话
2012年3月31日	帮助王萍萍家人电话联系市局人口管理总队	相关负责人员表示只接受咨询,不接受查询,具体查询需遵循法定程序,由区公安分局上报
2012年4月1日	陪同王萍萍家人到市局人口管理总队查询王萍萍户籍审批事宜	被以相同理由推脱,无果
2012年4月5日	帮助王萍萍家人电话联系区公安分局户籍科和市局人口管理总队	仍然被推脱,无果
2012年4月5日	与王萍萍家人一起,电话反映相关问题	

续表

时间	办理事项	结果
2012 年 4 月 6 日	到机场派出所询问相关情况	史警官表示区公安分局刚刚通知，王户籍已通过审批，家人不用再找上级部门
2. 陪同案主解决廉租房问题		
2012 年 3 月 20 日	就廉租房政策问题咨询其他社区工作人员及区廉租房管理中心	获悉根据政策，案主属于重残人员，可获 2 人配租面积
2012 年 3 月 21 日	陪同案主母亲到街道住房保障办公室，就案主廉租房面积及租房补助问题询问相关工作人员	相关工作人员表示案主申报时为一人，故配租时只按一人计算，同时，因案主现住房屋为其母亲所有，不能获得相关补贴

2. 就案主日后生活规划问题与其家人进行探讨

本阶段的介入，主要解决的问题有两个：一是案主女儿王萍萍日后学习、生活、职业规划问题；二是案主母亲去世后案主的照顾问题。

(1)介入前准备

此阶段社工主要就需解决的问题进行深入调查，并就涉及的政策进行咨询。

时间	办理事项	结果
1. 就王萍萍日后职业规划问题进行介入前准备		
2012 年 3 月 30 日	就王萍萍是否有资格参加高考，咨询相关部门	根据政策，王萍萍属于职高毕业，等同于高中学历，可以参加高考
2012 年 4 月 9 日	社工就王萍萍户籍落实后能否再次享受学校实习分配，咨询其所在学校负责人员	社工被告知，学校原则上不负责分配，只在毕业时推荐实习单位，王在毕业时已经学校推荐，是否可正式签约看单位及王本人表现

续表

时间	办理事项	结果
2. 就王红日后生活照顾问题进行介入前准备		
2012 年 4 月 19 日	就无行为能力人的扶养、监护人的确定以及扶养人和监护人的权利、义务等在法律和政策上的规定，请教熟悉相关法律和政策的专业人士	根据国家法律规定，案主母亲去世后，案主兄弟姐妹虽有监护义务，但无直接扶养义务，对此方面我国法律规定尚不明确；若案主无人扶养，可上交全部财产后，由民政部门送相关机构扶养

（2）正式介入

2012 年 5 月 7 日，案主家中，社工就相关问题正式介入，与案主母亲及案主女儿就相关问题进行探讨。

对于案主女儿今后的生活规划问题，其本人及家人均不愿再继续考学，表示已在机场内找好工作，社工虽反复劝说，但作用不大，社工在将相关利弊告知案主家人后，尊重其选择。

对于案主日后生活照顾问题，案主母亲表示，其之前已与三个儿子做好商量，在其去世后，将现有房屋留给小儿子，由其对案主进行照顾，其他子女平时帮忙照顾，老人几个子女均表示同意。

根据案主母亲及女儿的交流，社工发现，对于上述两个问题，案主家人均已做好打算，无须过多的介入干涉，本着案主自行解决的原则，社工表示尊重案主家庭的选择。

七、社工服务效果评估

1. 目标评估

通过社工介入服务，服务计划设定的目标基本达成，案主女儿户籍问题已解决、案主日后生活照顾问题解决办法也已明确，整体来看，社工认为，“提供支持，缓解案主家庭困难”已基本达成，“发掘潜力,促进案主家庭发展”目标也已初步明确,但由于时间较短,且尊重案主自行决定,仍需进一步深入探讨。

2. 过程评估

社工在介入服务过程中,基本能够恰当地运用社工方法和理论整合资源为服务对象提供支持,如协调廉租房管理部门、户籍办理部门等。同时,社工在服务过程中能够根据服务对象及其环境的具体情况对具体的服务内容进行适时的调整。如在办理案主养女户籍时,鉴于服务对象家庭无法独立处理,社工遂调整策略,为案主家庭提供直接支持。

八、专业反思

此个案是机构在机场街道开展的个案之一,社工能够根据案主及其家人具体困难运用专业理念和方法提供有针对性的服务,社工的实务能力得到了提升,积累了扎实的实务经验。但是,在社工干预和介入过程中也暴露出一些问题和不足,如社工对于具体理论和方法的运用不足,理论基础较为薄弱,同时服务过程中,社工在协助服务对象解决问题时的角色,社工应该是协助者,不应该是解决问题的主力,但是社工在帮助服务对象解决问题时,冲在了第一线。

个案选编 12

搭起沟通的桥梁

——家庭关系调适的社工介入

摘要:服务对象孙楠患有腰椎间盘突出症不能从事重体力工作,妻子因患癌症去世,目前与父母、女儿居住在一起。孙楠的问题是家庭沟通不畅、就业困难和社会支持网络薄弱等。社工通过引导服务对象家庭参加机构活动扩建其社会支持网络,并且充当社会支持网络的一部分,为服务对象家庭提供相应的支持。

一、服务对象基本资料

姓名:孙楠(化名)

性别:男

年龄:43 岁

职业:无业

婚姻状况:丧偶

家庭状况:父亲 76 岁,母亲 72 岁,均退休;女儿孙佳,13 岁,读初中

户籍住址:北京市朝阳区左家庄北里 × 楼 × 门 × 号

接案社工:许永霞,女,28 岁,毕业于济南大学社会工作系,助理社会工作师,从事社工一年,北京市朝阳区七彩昀社会工作事务所左家庄北里社区一线社工。

二、社工的接案时间及个案来源

服务对象系该社区低保户。2011 年 10 月 10 日，经社区居委会转介给北京市朝阳区七彩昀社会工作事务所社工。社工经初次面谈后，与服务对象建立了专业助人关系，确定以孙楠整个家庭为服务对象，以重塑家庭沟通模式作为评估问题和介入的重点，开展个案社会工作。

三、服务对象背景资料

（一）服务对象个人资料

服务对象孙楠患有腰椎间盘突出，不能从事重体力劳动。社工入户观察，其日常生活基本可自理，行动上未见明显的功能性限制。孙楠的妻子 2005 年去世，孙楠 2007 年失业，2009 年与女儿一起领取全额低保金每月共 1050 元。孙楠的性格比较内向，很少与人沟通，情绪状况一般。孙楠的日常活动是跟朋友在一起，关于与朋友相处的具体状况，孙楠及其家人很少对社工提及。

（二）服务对象的家庭资料

1. 家庭成员及其关系状况

孙楠的家庭成员共 4 人，分别为孙楠本人、父母及其女儿。女儿 13 岁，上初中。父母均已退休，都有退休金。其父患有高血压、脑血栓等心血管疾病，需要长期服药。其母身体较好，负责照顾家人的饮食起居。

服务对象与父亲的沟通不畅，关系比较紧张。与母亲、女儿的关系相对要好。在社工的入户观察中，服务对象经常外出（三五天都不回家），对父亲角色参与程度也较低，很少关心女儿的生活、学习、人际关系等方面的状况。

2. 家庭经济情况

服务对象的收入为父女二人的全额低保金每月 1050 元，其父亲的退休金为每月2600元,其母亲的退休金为每月1100元,家庭月收入总计为4750元。家庭支出包括父亲的医疗费用、女儿的教育费用和抚养费用、自身的社交开销及家庭日常生活支出等。总体来讲,服务对象的经济比较紧张。

(三)服务对象的重大事件

1.2005年,孙楠的妻子因患癌症去世,他在精神上和经济上压力很大。孙楠原本有稳定的工作和收入来源,是家庭的主要经济支撑,其妻子在家庭中主要承担照顾老人和抚养女儿的家庭角色。因妻子病故,导致家庭角色的缺失,使得服务对象陷入既要照顾老人、孩子,又要外出工作赚钱的两难境地。

2.2007年,服务对象失业。他失去原有的驾驶工作是由于一件突发事件引发的。据其父亲表述,2007年他的一个朋友私自把他的出租车开走并出了车祸,他所在的出租车公司因此将车辆收回并扣除了他的车辆押金,这一事件直接导致了服务对象失业在家。

3.2009年,服务对象及其女儿开始领取低保金。

四、问题预估与分析

(一)问题预估

因项目进度和社工更替等原因,服务对象的问题预估是在2011年年底完成。接案社工根据入户访谈(7次)情况,对服务对象的问题进行预估,认为主要存在以下问题:

1.家庭成员沟通不畅

服务对象与父母存在沟通问题,自己的一些事情从来不告知父母;服务对象与父亲在就业的问题上有较大分歧,亲子关系紧张;服务对象在照顾家庭方面有所不足,其母亲对其在子女教育方面的态度有所不满。

2.就业认知偏差

服务对象本人就业意愿比较低,即便是就业,对于工作的要求也比较苛刻，比如不能重体力、上班时间固定、双休、近距离、有社保等。服务对象的就业技能比较单一，曾经的职业是司机，除了驾驶，并无其他技能；其文化水平又不足以支撑他找到一份相对轻松的脑力劳动的工作，所以服务对象才会一再向父母和接案社工表示“找不到好的工作，所以才不想去”。

3. 社会支持网络薄弱

服务对象有一些朋友的支持，但是具体的交友状况跟父母和社工都很少提及；其父亲是部队转业到北京的，缺乏家庭、亲戚方面的支持；另外，服务对象的家庭相对封闭，在社区、社会层面的支持相对匮乏，其在利用社会资源方面的能力尚有欠缺。从整个家庭来看，社会支持网络尚显薄弱，缺少亲戚、朋友、同事等非正式的支持网络，在社区、社会组织等社会正式支持也有不足。

（二）问题分析

1. 家庭成员沟通不畅

服务对象经济困难，只能依赖低保救助金和父母退休金的支持才能维持生活，缺少其他稳定经济收入来源。引发服务对象家庭陷入困境的重大事件是妻子因病去世，因此欠了较大数额的外债。服务对象在失业后，对老人和孩子的照顾责任以及对于新角色的不适应使其陷入困境而没有能力摆脱和改善生活现状。服务对象与父亲的沟通方式不畅，导致亲子关系紧张。

2. 服务对象在就业的问题上存在主观认知的偏差

服务对象本人劳动技能和文化水平不高，但对于工作的要求存在不合理之处，“不能重体力、上班时间固定、双休、近距离、有社保”，同时具备这几项条件的工作以服务对象目前的能力很难找到，他的认识是“碰”，即碰运气。

3. 社会支持网络薄弱

服务对象家庭内部的支持网络需要修复，协助服务对象准确地认识自己的角色，承担起儿子、父亲的责任；同时要扩建家庭自身的社会支持网络，社工将其家庭成员引入社区活动、社会组织活动，扩大社会交往的范围，连接更多的社会资源。

五、社工介入的服务计划

（一）目的与目标

1. 目的

引导服务对象理性认识到自身的问题，能够积极地面对现实和未来；消除影响服务对象家庭功能发挥的负面因素，建立良性的家庭互动模式；修复和扩建服务对象家庭的社会支持网络。

2. 阶段性目标和服务策略

第一阶段为服务对象家庭成员的心理调适期，时间是 2012 年 1 月，阶段性目标为：舒缓服务对象父亲的压力，引导服务对象本人面对自身问题，并树立正向的认识。

具体策略是，让服务对象父亲参加社区活动，引入与服务对象父亲相似经历的人员与其建立朋友关系，以积极的心态影响他；梳理服务对象本人的相关问题，逐个排序，逐一设计解决方案。

第二阶段为家庭沟通问题的调适，时间是 2012 年 2 月至 4 月，阶段性目标为：协助服务对象与家庭成员建立良好的沟通互动模式。

具体策略是鼓励服务对象与家庭成员的沟通，厘清儿子、父亲的角色，使其尽责地去扮演这两个角色，协助其与家庭成员良好沟通模式的建立。

第三阶段是社会支持网络的修复与扩建，时间是 2012 年 5 月至项目结束，阶段目标为：协助服务对象的家庭建立良好的社会支持网络。

具体策略是将服务对象的家庭引入七彩昀社工事务所的小组活动或者社区活动中，让其能得到同辈群体、邻里、社区、社会组织乃至社会方面的支持网络资源，增加家庭解决家庭问题的渠道，学会连接、使用各种社会资源。

（二）干预模式和理论

“人在情境中”和“人与环境”交互作用是人类行为与社会环境的主要观点，社工不仅为服务对象提供个人化的辅导，还需要与服务对象的家庭、社区、朋友、邻里等社会网络一起工作。

优势视角或称能力视角认为，每个人、群体、组织和社区都有其内在的能力，包括天赋、知识、社会支持和资源，只要存在适当的条件，就可以建设性地发挥自身功能。优势视角强调服务对象能力的提升，也是一个增能的过程，增能意味着帮助个人、群体、家庭以及社区在其内部或周围探求和扩展其资源与手段的意图和过程。

结构式家庭治疗模式认为，个人问题与家庭的动力、组织有密切的关系，特别重视家庭结构的影响，它是以改变家庭的结构为治疗的首要目标，社会工作者在重建家庭结构过程中扮演积极主动的促进角色。

具体到孙楠的个案，需要与其家庭一起努力，才能够解决家庭沟通方面的问题。服务对象对于其自身能力有客观的认识，对于就业才能够有比较合理的要求。

六、社工介入服务实施过程

整个服务过程，社工共与服务对象及其父母进行了 19 次入户访谈，参加社区活动 3 次，参加小组活动 1 次。因孙楠经常不在家，社工对于介入目标给予调整。据社工观察，孙楠对女儿的关注较少，孙楠的父母跟孙女未作深入沟通，仅限于生活照顾。社工遂将目标调整为“引入志愿者陪伴服务对象的女儿孙佳”，孙佳及其家人不接受；之后，孙楠及其父母需要退休金的调整、养老保险的缴纳和廉租房的申请等方面的政策，社工将目标调整为提供孙楠及其家人所需要的政策支持。社工将按照上述的阶段性计划的实施过程给予说明。

1. 与服务对象建立专业关系

2011 年 11 月下旬，左家庄低保项目的社工出现更替现象，新社工需要与服务对象及其家庭重新建立专业关系。经过 2011 年 11 月 23 日和 12 月 1 日两次入户访谈，社工与服务对象家庭建立了专业关系。

2. 与服务对象探讨就业和亲子沟通的问题

在社工介入服务对象孙楠的过程中，孙楠经常不在家，社工几乎见不到孙楠。在 2012 年的“两会”期间，孙楠需要在社区值班，社工联系居委会工作人员了解到孙楠的值班时间，遂在 2012 年 3 月 7 日入户访谈。社工与服务对象进行了一次深入的访谈，就服务对象的交友状况、就业技能和就业意向、与女儿沟通的问题进行了探讨。社工发现，孙楠对工作和将来的生活有自己的想法，但是很少与家人沟通。社工鼓励孙楠多与家人沟通，但孙楠觉得目前与家人的沟通没有问题，可是多沟通几句，也不能改变其父的观念。孙楠的朋友较多，也能提供一些工作机会，但是与他的工作要求相差很远，遂将找工作的时间无限期地拉长。

3. 扩建服务对象的社会支持网络

2012 年的春节前后，机构多次组织社区活动，社工每次都邀请服务对象及其家人参加，但是社工每次都能听到不同的理由：“睡过头”“水管漏水”“身体不适”等，服务对象家人仅参加了一次“新春送春联”的活动，使得实现扩建支持网络的良好目标受阻。2012 年 3 月 16 日，机构组织“创业就业小组座谈会”，经社工多次邀请，服务对象参加此次小组活动，在本次活动中，服务对象能够与其他组员有效地沟通和交流。

4. 提供政策支持

由于服务对象孙楠经常不在家，使得服务对象家庭良好沟通模式的目标受阻。2012 年 2 月 13 日，社工与孙母协商，引入志愿者参与到孙佳的生活学习中来，孙母觉得孙佳不会接受，而且孙佳一周七天的课程都很充实。2012 年 2 月 22 日，社工走访孙父，孙父认为社工不能解决孙楠的就业问题，对社工有抵触情绪，拒绝社工的入户访谈。2012年3月1日，社工提前与服务对象家人联系得知孙楠在家，但是社工入户时孙楠已经外出，本次入户的目的是缓和与孙父之间的紧张关系，重新建立专业关系。社工在2012年3月7日与孙楠访谈后，将下一阶段的目标调整为相关政策支持。

2012年3月19日入户，社工得知服务对象父亲对于退休金的调整有所不解；2012年3月21日，社工再次入户，为服务对象父亲解释相关的退休金调整的政策，并根据其具体情况计算相应的调整数额。2012年5月15日入户，社工向服务对象的母亲提供“养老保险”的相关政策，以消除服务对象家人对其60岁以后生活的担心。访谈中得知，服务对象打算申请廉租房，随后社工与孙楠通电话得知，孙楠不了解申请廉租房的具体政策。2012年5月22日，社工提供给服务对象家庭关于廉租房申请的相关政策。

5. 结案说明

2012年6月6日，社工电话访问服务对象孙楠，就其目前的状况作出总结，社工能协助解决的问题已经解决，符合结案的要求，服务对象表示理解和接受。

七、社工服务效果评估

（一）目标评估

在整个个案的介入过程中，因为个案的核心人物——服务对象孙楠经常外出，使得个案的进展缓慢，甚至在某些时段是停滞不前。社工根据情况调整服务方案和目标，按照“案主自决”的原则，服务对象家庭接受政策支持的服务，但不接受对孙佳的志愿陪伴服务。整体的工作目标和方向没有大的变动。

在社工介入服务过程中，为促使服务对象家庭的社会支持网络的扩建，社工邀请服务对象及其家人参加机构组织的社区活动和小组活动，但是由于其家庭的封闭性，服务对象家庭成员参加活动的次数仅为4次，为服务对象的社会支持网络的扩建迈出了一小步。社工通过跟服务对象孙楠本人了解其就业意愿和将来的生活打算，发现其有不少工作机会，但是不能满足其需求，对未来的生活也有自己的想法。服务对象的父母对其抱怨颇多，源于他们之间沟通较少，但是服务对象及其父亲都不愿意迈出主动沟通的关键一步，使得沟通问题未能按原计划解决。在服务过程中，社工发现，孙楠对于家里重大事项如孩子的家长会，"下水道"的处理问题和廉租房的申请等开始承担责任，并与母亲沟通，影响服务对象家庭功能发挥的正面因素逐步增多。

整体来看，"服务对象能够积极地面对现实和未来"的目标已经实现；"消除影响家庭功能发挥的负面因素"的目标通过正面因素的增多的途径初步实现；"建立家里良性的家庭互动模式"的目标未能实现；"修复和扩建家庭的社会支持网络"初步实现。

（二）过程评估

服务过程中，社工入户访谈19次，多次邀请服务对象家庭成员参加机构组织的社区活动和小组活动，成功4次。

社工在介入过程中，能够敏锐地发现服务对象的某些需求点，如养老保险、退休金和廉租房的政策需要，并及时提供相关政策。但是，对于某些需求评估得不够准确，如就业是服务对象孙楠的父母对他的要求，但不是孙楠的需求，社工在此问题上浪费不少的精力，还曾导致孙父的不满，拒绝社工的入户。社工及时缓和与孙父的紧张关系，使专业关系得以修复，之后社工作为服务对象家庭社会支持网络的一部分，为其提供相应的社会政策。

八、专业反思

此个案是机构第一个项目的首批个案之一，社工能够根据服务对象孙楠及其家人的具体情况运用专业理念和方法提供有针对性的服务，社工的实务能力得到了提升，积累了扎实的实务经验。但是在社工干预和介入过程中也暴露出一些问题和不足，如社工对于家庭结构治疗的理论和方法运用不足，缺乏相应实务经验，还有社工对于专业关系的处理稍显不足，曾经出现过服务对象孙楠的父亲抵触社工的情况。

此个案是个初步成功的案例，不够成功的原因之一在对“服务对象问题的预估和分析”方面，家庭问题的确定需要全体家庭成员一致认为“此问题”是个问题，“此问题”才足以成为一个问题。全体家庭成员愿意为解决“此问题”付诸努力和行动，“此问题”才需要社工的介入。具体到此案例，孙楠的父母对孙楠有诸多抱怨，如不回家、不工作、不管教孩子，社工据此认为服务对象家庭在沟通上出现了问题，并在此方面作出努力。但是孙楠不认为沟通上有问题，孙楠的父母也不肯在沟通的问题上迈出主动的一步，使得“建立良性的家庭互动模式”这一目标未能实现，归根到底，是最初的问题确定时，服务对象家庭成员不认为沟通、互动是一个问题，是社工对于问题的确定不足。

个案选编 13

一路同行,给心灵一个安定的港湾

摘要:服务对象为 87 岁老人,患有老年痴呆症,无生活自理能力。服务对象有三儿一女,平时主要由女儿照顾。其女苏某因生活经历,心理压力较大,社工从缓解服务对象女儿心理压力入手,解决服务对象家庭功能发挥的隐患,增强家庭对突发事件的预防能力。

一、服务对象基本资料

姓名:刘老太(化名)

性别:女

年龄:87 岁

婚姻状况:丧偶

家庭状况:有三子一女,均已成家

户籍:北京市朝阳区机场街道办事处南路西里 × 号楼 × 单元 × 室

接案社工:贾华一,男,32 岁,毕业于沈阳农业大学,从事社会工作一年,北京市朝阳区七彩昀社会工作事务所机场社区一线社工。

二、社工接案时间及个案来源

服务对象系该社区低保户。2012 年 3 月,经社区居委会转介给北京市朝阳区七彩昀社会工作事务所社工。社工经与案主家人初次面谈后,确定以案主家庭为服务对象,与其建立了专业助人关系,以服务对象家庭的社会支持为评估问题和社会工作介入的重点，开展个案社会工作。

三、服务对象背景资料

（一）服务对象个人资料

服务对象刘老太87岁，患老年痴呆症，无生活自理能力，目前主要由其女儿苏某照顾，其余三个儿子每周轮流替换。现服务对象女儿为更好地照顾母亲，与其同住。因服务对象几年前曾嘲讽女儿丈夫，故其女婿在外租房，不愿共同居住。

服务对象女儿苏某当年随父母回河北老家居住，后因在当地结婚，未能返城，后一直在京打工，照顾两个孩子，现其两子均已成家立业。

（二）服务对象的家庭资料

1. 家庭成员及其关系状况

服务对象有女儿、女婿，三个儿子及其各自家庭。服务对象的女儿为外地人员，在北京市无住房，目前与服务对象同住，对其进行照顾；三个儿子每周替换服务对象女儿一天，轮流照顾母亲。服务对象各子女之间关系较好，互相之间保持紧密联系。

2. 家庭经济状况

服务对象属于遗属，没有退休金，按照政策每月参照低保标准领取520元生活费，无其他经济来源。服务对象子女中，除女儿生活较为艰辛，其他三个儿子生活条件较好，经常给予服务对象和服务对象的女儿经济帮助。服务对象家庭除日常生活开支及医疗开销，无其他重大支出。

（三）服务对象重大事件

1. 下乡。因家庭成分不好，“文革”前，服务对象与丈夫一起，离开北京，返回河北老家生活。

2. 返城。“文革”结束后，国家落实政策，服务对象分别与三个儿子返回北京，女儿因在当地结婚，无法回城。

3. 女儿结婚。因传统思想较为浓厚,在河北老家生活期间,服务对象将女儿嫁出。

四、问题预估与分析

社工于2012年3月经社区居委会转介介入服务对象家庭。初步入户后,社工发现服务对象家庭结构基本完成,家庭功能发挥正常,家庭成员间关系亲密。主要问题存在于其女儿苏某。当年因在农村结婚生子,苏某未能返城,留在河北农村,生活较为困苦。来京后一直在机场做临时工,无固定收入,也无医疗养老等保障,对此情况,苏某内心一直耿耿于怀,无法平复。多年情绪累积,导致苏某内心敏感,与社工每每提及往事及自身遭遇便会痛哭流涕,同时,与同事关系极端不睦,苏某总怀疑同事搬弄是非、造谣生事。据社工观察,平常人看来很小的事件,也被苏某认为是对她的挑衅,此种心态除严重影响她与同事关系,也对其睡眠及心情产生较大影响。

五、社工介入服务计划

(一)服务的目的与目标

1. 服务目的

根据已获知的案主及其家庭具体信息,结合社会工作理论,此次社工介入服务的主要目的为:帮助案主女儿苏某调节心理健康、缓解心理压力,预防其心理状况对家庭产生不利影响。

2. 阶段性目标及服务策略

根据苏某的实际情况,结合个案服务目的,本次介入服务主要分为两个阶段:

第一阶段:定期陪伴,与被服务对象建立信任关系。

开始时间:2012年3月

具体策略:本阶段社工主要角色为陪伴者和倾听者,主要工作在于通过定期的陪伴,通过倾听,缓解被服务对象心理压力,与其建立更深入的信任关系。

第二阶段:联络志愿者为服务对象提供正式的心理咨询和治疗。

开始时间:2012 年 4 月

具体策略:本阶段社工主要角色为资源筹集者,主要工作在于寻找心理咨询师,尝试利用志愿者资源,为服务对象提供心理治疗。

(二)干预模式和理论

根据案主的家庭情况和需解决的问题,本案例中,社工主要采用“任务中心模式”理论。任务中心模式认为,人的生活与成长可以看成一个不断完成任务的过程,当个人遇到无法独自完成的任务时,就会出现问题,社工在服务过程中,只需协助被服务对象克服这个困难,其他问题就可迎刃而解,完成任务就意味着克服困难。

任务中心模式主张在服务过程中首先制订明确的计划与时限,如此才可能达成治疗的目标。它认为人有解决问题的能力和潜力,个人通过专业服务的过程,可以增强解决问题的能力及学习方法和技巧,从而可以运用这些能力、方法和技巧面对日后可能发生的类似问题或新的问题。

本案例中,案主家庭当前的主要问题是案主女儿的心理问题,社工以解决该问题为任务,通过适时引导及干预,其他问题可以通过自己的努力解决。

六、社工介入实施过程

根据服务计划,2012 年 3 月到 5 月底,社工入户 15 次,为苏某提供陪伴和心理治疗服务。

1. 定期陪伴,与服务对象建立信任关系。

本阶段的介入,主要在于通过定期的陪伴,缓解服务对象心理压力,并建立深入的信任关系。

2. 联系资源,为服务对象寻找心理咨询志愿者。

本阶段的介入,社工主要是帮助服务对象寻找正式的心理咨询师，使其能够得到正式的心理咨询和治疗。主要的解决渠道是尝试联系志愿者，为其提供支援服务。具体过程如下：

时间	办理事项	结果
2012 年 4 月 18 日	接受心理咨询	服务对象对心理咨询的效果不是很满意，表示更愿意接受社工的定期陪伴。
2012 年 4 月 24 日	接受心理咨询	
2012 年 5 月 2 日	接受心理咨询	

七、社工服务效果评估

1. 目标评估

通过社工介入服务，服务计划设定的目标基本达成，案主女儿心理问题得到有效缓解。整体来看，社工认为，“定期陪伴，建立信任关系”和“联系资源，提供正式心理治疗”目标已基本达成，并取得了较好的效果，但由于时间较短，还需进一步深入工作。

2. 过程评估

社工在介入服务过程中，基本能够恰当地运用社工方法和理论，整合资源为服务对象提供支持，如联系心理咨询志愿者，为服务对象提供正式的心理咨询。社工在服务过程中能够准确定位案主家庭存在的隐患，及时提供支持，预防妨碍家庭成长的问题出现。

八、专业反思

此个案是机构在机场街道开展的个案之一，社工能够根据案主及其家人的具体困难运用专业理念和方法提供有针对性的服务，社工的实务能力得到了提升，积累扎实的实务经验。但是，在社工干预和介入过程中也暴露出一些问题和不足，如社工对于具体理论和方法运用不足，理论基础较为薄弱，针对服务对象的心理问题，除了倾听，缺乏其他有效的办法，只能完全依靠志愿者，但此案例提供实际情况却表明，某些时候志愿者并非万能，能够起到的作用有限。

小组选编 1

和平街低保群体支持性减压小组

一、小组基本情况

小组名称:和平街低保群体支持性减压小组

小组对象:和平街砖角楼社区及十四区社区低保家庭成员,包括直接服务对象以及直接服务对象家人

参与人数:6—8 人

社工姓名:叶亮亮

督导老师:宋爽

二、小组目标

在和平街砖角楼及十四区社区低保户的入户案访过程中,社工发现大多数低保家庭存在这样一些共性特征:首先,大多数社区居民都是由于深受疾病抑或身心残障的困扰从而成为城市居民最低生活保障金的救助对象;其次,社区低保家庭成员由于对自身疾病或身心残障现实的非科学的理解,同时又受到社会变迁的迅猛发展而无法适应的现实状况的影响,该群体当中绝大多数居民日常生活多半都选择以蜗居的方式在家中度日,而此种以非科学的生活方式来面对生活压力大的现实状况将进一步导致该群体陷入一个恶性循环的圈子,所以,以小组形式进行适当的干预将显得尤为必要;再次,相比正常社会群体来说,此群体缺乏正常的社交范围及组织生活,日常生活显得比较单调,普遍存在情感支持的需求;最后,从优势视角来看,在

接案社工经手的多户低保家庭当中，社工发现其间并不缺乏展现人性光辉的一面，它们涵盖了亲情、友情、爱情的方方面面无不使社工为之感动。接案社工可以通过不同方式引导案主家庭分享其自身的辛酸经历，相信由此带来的小组体验对于被分享者以及分享者本身来说都将会是一个重要的支持和鼓励的源泉。本小组旨在达到以下目标：

1. 进一步促进和平衔低保群体对七彩昀社会工作事务所以及社工的了解，为社工在朝阳区的普及奠定一定的群众基础。

2. 引导小组成员正确认识自身所处困境及自身在抗压过程中已经习得的经验、个体优势及潜在能力。

3. 引导组员通过发觉利用身边的资源（包括助残优惠政策和家庭正式及非正式组织），改善现下生活状况。

4. 教授小组成员不同的减压和抗压方法和技巧，实现小组成员的增能。

5. 引导小组回顾小组成长历程，努力建立组员间可持续性的互助支持网络。

三、支撑小组之理论、概念框架

1. 优势视角。优势视角是相对于问题视角来说的一种不同的思维模式和工作模式。所谓优势视角，是以优势为核心，强调将关注点聚焦在案主身上，尽可能地发挥案主自身的能力和优势，强调对案主潜能的开发和培养运用，并利用爱帮助的这些优势来促进案主获得自我完善和发展。同时关注案主的环境、资源和脉络，强调与案主合作以形成救助双方的良性互动关系，从而尽最大努力将案主拉入和谐社会的美好圈子。

2. 社会学习理论。根据 Bandura 的观点，行为是经由观察其他的人或事而习得的。一个人可以不亲自实践而学会。贯穿着可以通过看、听、读而获得或学习新行为。

3. ABC 理论。Ellis 提出“ABC 情绪理论框架”即:A 代表一个事实、事件或一个个体行为或态度的客观存在,C 是个体的情绪和行为的结果或反应,这一反应可以是健康的,也可以是不健康的,但 A(诱发事件)并不必然导致 C(情绪结果)。B(个体关于 A 的信念)在很大程度上导致了 C,即情绪反应。如果进行干预,则会产生 D(质疑不合理的信念)。进而产生 E(新的信念),就会出现新的情感或结果。

4. 活动理论认为:活动水平高的人比活动水平低的人更容易感到生活满意和更能够适应社会。人应该用新的角色来替代丧失的角色,从而把自身与社会的距离缩小到最低程度。

以上述四种理论为基础,本小组将首先运用优势视角理论,通过社工入户之归纳总结,引导小组成员通过自身残酷的现实生活环境,寻找到自身抗压生活过程中已习得的经验和本身具备的优势及潜能;对于社会学习理论的运用,社工将通过引导不同小组成员分享各自面对生活挫折的经验,为其他小组成员创造一个观察学习他人抗压生活经验的机会;小组过程当中社工将借助 ABC 理论引导小组成员正确看待自身现下所面临的压力和困境;活动理论的运用将贯穿于整个小组,事实上低保家庭小组组员由于身体以及认知方面的原因其本身活动水平较正常人低。本小组将此类群体组织起来,为其提供参加集体性活动的机会,使他们的活动水平提高;同时小组的经验和支持系统也能够帮助他们在小组结束后有更高的活动水平从而提高他们对生活的满意度及对环境的适应。

四、小组活动内容

（一）小组计划：

次数	单元名称	单元目标	活动内容	时间
一	我们在一起	1. 小组成员互相认识 2. 小组成员结盟，澄清小组意义、宣布小组规则 3. 运用感染性的语言，引导小组成员建立小组同质感和归属感	1. 社工发言点出小组成员各自不凡的经历以建立小组同质感及归属感(5 分钟) 2. 破冰(5 分钟) 3. 小组介绍及结盟(20 分钟) 4. 总结(10 分钟)	40 分钟
二	欢乐就在身边	1. 回顾上一次小组经验 2. 介绍残疾人优惠政策(主讲北京周边景点及景区对残疾人群体的相关优惠政策) 3. 各自分享自身受惠经验 4. 总结	1. 回顾(5 分钟) 2. 介绍(20 分钟) 3. 分享(20 分钟) 4. 总结(5 分钟)	50 分钟
三	好片共享	1. 看片前组员交流 2. 观看爱国主义教育片 3. 分享观影体会	1. 交流(10 分钟) 2. 观影(80 分钟) 3. 分享(10 分钟)	100 分钟
四	回顾历程、展望未来	1. 观看微电影《老男孩》热身 2. 回顾低保服务项目历程及经验总结 3. 组员为下一年项目开展建言献策，展望未来生活 4. 结束、集体合影	1. 热身(20 分钟) 2. 心路历程(10 分钟) 3. 计划未来(10 分钟) 4. 毕业合影(5 分钟)	45 分钟

（一）小组发展状况

1. 小组互动关系

本次系列小组活动，组员保持着较高的活动参与率，令社工惊奇的是，初次活动小组组员间私底下便有互动；随着活动的深入，组员间的互动愈发频繁，在针对特定问题的探讨过程中，甚至出现冲突，小组互动过程气氛较好；现今小组互动结束，组员间碰面均相互寒暄，小组关系延续状况较好。

2. 小组发展历程

初期：前两次小组活动在参与人数上有比较大的变化，首次小组到会4人，而二次小组到会8人，随后小组人数便稳定在6—8人，有2—3名组员发言积极，同时也存在若干沉默者。

中期：组员间已形成良好的默契，部分组员甚至结伴来到会场，小组过程当中的互动也偏向于日常闲聊，氛围较为愉悦。社工在活动过程中，开始注意控制组员的发言，部分沉默者在社工的引导下开始在小组当中发言。

后期：组员间的互动非常频繁，如第三期好片共享小组活动，组员在观影前相互拍照，观影过程中也是笑声不断。全体组员当天均比较活跃。最后一期社工引导众人畅谈对下半年度就业、创业支持项目的想法，该话题引起组员很高的兴趣，组员各抒己见，沉默者在本次活动中已不复存在，现场气氛活跃，甚至小组过程中出现了一些冲突，但社工明白这是众人认真的表现。而即将离别时并没有出现明显的离别情绪，事实上生活在同一个社区众人见面的机会是比较多的。

五、小组评估

（一）评估内容及方法

1. 小组组员出席率及参与、投入程度评估

2. 组员自身对小组的评价（感受分享及收获感知）

3. 工作人员对小组持续观察

（二）组员评价情况

在活动中，组员保持较高的参与率，平均每次到会6—8人。绝大多数组员参加完整个小组活动，并且在小组后期表现愈发活跃；系列小组发展过程中，社工不断同组员进行交流，听取组员意见，四次小组活动分别从残疾人优惠政策讲解、观影以及明年项目开展计划探讨等不同方面来紧扣生活减压的主题。值得一提的是，每小组活动的内容都是充分采纳组员意见而开展的，这也是组员保持较高活动参与率并在会上积极发言的原因之一。

（三）总体目标达成

本次系列小组活动，组员保持着近9成的参与率，大多数组员坚持参加完整个小组活动。活动过程中，组员愈发表现积极，最后一期小组活动甚至达到全部发言的局面。通过小组组员逐渐认识，小组活动过程中也是笑声不断，生活减压的目标达成情况在一定程度上是比较理想的。通过小组活动，组员对于社工以及社会工作流程的了解也有了很大的提升。

（四）存在的问题

由于本次小组组员平均年龄近45岁，社工在小组活动当中对于破冰以及各类游戏环节的执行能力欠佳，事实上结合当时当地的实际情况，许多游戏是无法很好地开展的；另外小组组员通过小组均已认识，但是社工关于建议组员间可持续的互助支持网络的设想并没有实现。

六、专业反思

1. 较高的小组参与率是保证小组活动顺利开展的先决条件

每次小组活动成功举办的一个重要前提就是小组成员的参与度。在小组成员参与度低的情况下，社工可适当引入社区居民或社区积极分子以确保活动顺利进行，由此来巩固已有小组成员并吸引新的组员参加。另外小组活动前，社工应尽量开展调研及座谈工作，听取预设组员意见，使小组工作内容更加贴近实际。

2. 游戏环节只是达成小组目标的一种手段，而其本身绝非小组目的

小组活动中，无论是破冰还是小组暖身环节，社工普遍刻板地认为以游戏的形式展开更为有效。而事实上，游戏破冰或小组暖身，只是社工所采取的一种手段，它本身不是小组活动的目的。对于中年群体，社工认为以更加贴近生活的方式开启小组或许更加有效。或许在此社工真正所要做到的正是看似简单的具体问题具体分析。

3. 合理的角色扮演将有助于突破社工同组员间的年龄界限

由于本次小组组员平均年龄近45岁，而涉案社工为应届大学毕业生，区别于儿童及老年人小组，社工在引导中年群体小组时事实上是存在很大难度的。在此次系列小组活动过程中，社工主要以宣讲者、引导者以及资源链接者的角色主持小组活动。其中对于政策宣讲的角色扮演要求社工应充分了解宣讲内容。此外在小组冲突发生时，社工可以以严肃抑或幽默诙谐的方式转移话题中断冲突，甚至可以以卖萌的方式带动现场气氛，缓解冲突。而经典社工在小组当中不温不火、和蔼可亲的表现往往不利于社工对于小组过程的掌控。

小组选编 2

健康与你同行

——左家庄北里社区低保户的病友支持小组

一、小组基本情况

小组名称:健康与你同行

小组对象:左家庄北里社区低保户中患有慢性病的服务对象,年龄集中在 45—75 岁之间,包括低保项目的直接服务对象及直接服务对象的家人

参与人数:6—12 人

社工姓名:马晓璐　许永霞

督导老师:宋爽

二、小组基本目标

在对左家庄北里社区的低保项目入户调查过程中,社工发现很多直接服务对象或其家人患有慢性病,需要经常服药。他们除了忍受疾病的困扰,在心理上也有因为长期疾病产生的压力,会抱怨生活、抱怨不公平。有些人以患病为借口不再参加工作或社区活动,自我评价较低。低保服务对象的经济水平本身较低,长期服药也会产生经济上的压力。慢性病,以高血压更为常见,所以我们希望能够通过成立一个支持小组,使组员相互支持,使他们认识到,高血压是中老年的一种常见病,应树立对疾病的正确认识。通过了解基本的高

血压保健知识,服务对象能养成一个正确的生活方式;同时提供一个社会沟通与社会参与的平台,提高低保户服务对象的活动水平。本小组的基本目标是:

1. 使组员更加了解高血压相关知识及平时的保健,养成正确的生活方式。

2. 通过小组的支持缓解因疾病带来的心理压力,共同解决遇到的问题。

3. 增加低保户高血压患者之间的沟通与交流,促进他们的社会参与。

4. 增进低保户直接的沟通与交流,促进低保户直接的互助,扩大他们的社会支持网络。

三、理论与方法

1. 社会学习理论;根据 Bandura 的观点,行为是经由观察其他的人或事而习得的。一个人可以不亲自实践而学会。贯穿着可以通过看、听、读而获得或学习新行为。

2. ABC 理论。Ellis 提出“ABC 情绪理论框架”即:A 代表一个事实、事件或一个个体行为或态度的客观存在,C 是个体的情绪和行为的结果或反应,这一反应可以是健康的,也可以是不健康的,但 A(诱发事件)并不必然导致 C(情绪结果)。B(个体关于 A 的信念)在很大程度上导致了 C,即情绪反应。如果进行干预,则会产生 D(质疑不合理的信念),进而产生 E(新的信念),就会出现新的情感或结果。

3. 赋权理论:Solomon 指出赋权是社工针对案主所采取的一系列的活动的过程,旨在减少基于污名群体的成员的负面评价而形成的无力感。Lee 认为,赋权可以在三个层次进行,一是个人层面,个人感觉到自己有能力去影响或解决问题;二是人际层面,个人与他人合作促成问题解决的经验;三是政治层面,能够促成政策或政治层面的改变。

4. 活动理论认为：活动水平高的人比活动水平低的人更容易感到生活满意和更能够适应社会。人应该用新的角色来替代丧失的角色，从而把自身与社会的距离缩小到最低程度。

四、小组活动内容

（一）小组计划

<table>
<tr><td colspan="4">第一单元　名称：高手结盟
活动目的：小组成员相互认识，让组员了解小组，制订小组规则，提出期望
时间：3 月 21 日（星期三）下午 15：00—15：45
地点：左家庄北里社区活动室</td></tr>
<tr><th>名称</th><th>时间</th><th>内容</th><th>所需物品</th></tr>
<tr><td>1. 破冰——各抒己见</td><td>10 分钟</td><td>请组员围着圆桌坐好，介绍自己及对于高血压疾病的见解；下一个组员介绍前要先说出之前组员的名字</td><td>笔记本和签字笔</td></tr>
<tr><td>2. 介绍小组</td><td>10 分钟</td><td>社工向组员介绍小组成立的意义，聚会的时间，延续时间，大致内容</td><td>小组的基本情况介绍稿</td></tr>
<tr><td>3. 江湖规则</td><td>20 分钟</td><td>1. 给组员看事先在黑板上写好的小组规范，然后一起讨论，增加或是减少规范，并将内容写在黑板上
2. 社工对小组规范进行总结，提醒组员注意，并打印出供组员签字</td><td>事先写好小组规范。小组规范制定好后，由协助人员打印好，供结束时签署</td></tr>
<tr><td>4. 总结，签署小组协议，告知下次内容</td><td>5 分钟</td><td>1. 总结本次活动的内容，请组员签署江湖规则
2. 告知组员下次活动的时间及内容</td><td>提前准备下次活动的内容介绍</td></tr>
</table>

<table>
<tr><td colspan="4">第二单元　名称：高手膳食
活动目的：介绍合理膳食的原则，组员分享现在合理膳食的方法和行动
时间：4 月 11 日 15：00—15：45
地点：左家庄北里社区活动室</td></tr>
<tr><th>名称</th><th>时间</th><th>内容</th><th>所需物品</th></tr>
<tr><td>1. 合理膳食的原则</td><td>20 分钟</td><td>社工介绍合理膳食原则，及对高血压的益处</td><td>合理膳食的资料</td></tr>
</table>

续表

名称	时间	内容	所需物品
2. 高人体验	20 分钟	组员分享合理膳食的经验	无
3. 总结	5 分钟	1. 将之前的问题和解决的办法再回顾一遍,如果有必要就再一起练习一遍 2. 告知组员下次活动的时间及内容	无

第三单元　名称:高手运动
活动目的:介绍运动的益处,分享运动的行动,集体参加运动
时间:4 月 25 日 15:00—16:00
地点:左家庄北里社区活动室

名称	时间	内容	所需物品
1. 运动益处	10 分钟	社工介绍运动对高血压及其他慢性病的益处	事先准备资料
2. 运动分享	10 分钟	组员分享运动的经验	无
3. 高手之路	20 分钟	集体参加运动	篮球、玻璃球、沙包等
4. 总结	10 分钟	1. 总结本次学到的方法和运用 2. 告知组员下次活动的时间及内容	无

第四单元　名称:高手指路
活动目的:请医生给组员讲解如何正确使用血压计和日常检测血压,讨论将学到的内容运用到实践中
时间:5 月 9 日 15:00—16:10
地点:左家庄北里社区活动室

名称	时间	内容	所需物品
1. 高手分享	10 分钟	共同分享上次知识运用到生活中的情况及反思	上次记录的知识列表
2. 专家指引	25 分钟	1. 医生讲解正确使用血压计、如何检测血压的方式和方法 2. 组员练习	事先联系医生
3. 高手之路	10 分钟	1. 讨论如何测量血压的方法并运用到实践中	无
4. 总结	5 分钟	1. 总结本次学到的方法并运用 2. 告知组员下次活动的时间及内容	无

第五单元　名称:安全合理用药 活动目的:介绍安全合理用药的知识 时间:5 月 23 日 15:00—16:00 地点:左家庄北里社区活动室			
名称	时间	内容	所需物品
1. 高手分享	10 分钟	对过去学习到的知识和方法进行总结	提前对知识方法进行总结,在活动中再加以增加
2. 安全合理用药	20 分钟	社工介绍安全合理用药的原则	事先在黑板上列出内容
3. 未来之路	20 分钟	大家一起分享如何将学到的知识用于以后的生活中	纸、笔
4. 总结	10 分钟	1. 总结 2. 满意度评估	无

(二)小组发展状况

1. 小组互动关系

本次小组是针对左家庄北里社区低保服务对象的,组员之间相互认识,即在小组中期引入社区居民加入小组活动,组员之间的认识度较高,成员间的互动关系较好,没有明显的冲突。

2. 小组发展历程

小组准备期:准备期是 2012 年 3 月 6 日至 20 日,主要工作是招募小组成员和协调活动场地。在招募成员方面,社工根据入户中发现有高血压的服务对象,逐一打电话或者上门拜访邀请参加。若低保服务对象招募后人数不够,再通过社区工作人员。邀请符合条件的社区高血压患者。在协调场地方面,与左家庄北里社区居委会沟通,利用其活动室安排小组活动,初步定在周三下午,后根据活动内容调整时间和地点。

小组初期:低保服务对象对参加小组活动不够积极,导致前两次的小组成员只有 2—4 人,与预期小组规模相差甚远。在小组活动内容上，能够初步完成小组活动预期，如组员相互认识、制订小组规则、参与小组讨论等。

小组活动中期：根据初期小组成员的情况，社工在中期将小组的形式和内容作了一些调整，在组员方面，将社区内患有高血压的居民纳入小组，设为开放性小组。在活动内容上，从简单的室内讨论调整为室外运动、医生讲解如何测量血压和练习使用血压计等。组员的人数能达到预期，活动内容与形式也较符合社区居民和低保服务对象。

小组后期：后期的活动主题为“安全合理用药”，正逢“毒胶囊事件”讨论度极高的时期，组员对于安全合理用药有很高的共鸣，组员对于主题的关注度和讨论度也达到了高潮。组员通过小组学习到安全用药、适度运动、合理膳食等知识，表示愿意应用到实际生活中。由于组员都生活在同一个社区，组员的离别情绪并没有很明显。

五、小组评估

（一）评估方法与评估内容

1. 对组员出席率及参与、投入程度等作评估；
2. 工作人员及协助人员在小组中持续地观察；
3. 组员的满意度调查。

（二）组员评价情况

组员的平均规模为8人，除了前期的人数较少以外，中后期的组员人数保持在10—13人，全程参与小组活动的低保服务对象有3人。通过组员的参与、投入情况了解，女性组员参与小组的积极性较男性组员高。

社工在后期安排组员的满意度调查，大部分组员对于活动的安排、场地都很满意，对于活动中了解到的知识也觉得很实用，愿意将学到的知识应用到日常生活中。

（三）总体目标成效

病友支持小组为系列小组，总共5节，小组活动内容已经完成。小组成员原定为左家庄北里社区的低保服务对象，之后因服务对象的参与度不高，导致小组规模仅为2—4人。社工将小组成员扩展至社区居民以保证小组规模达到预期，基本实现最初设定的目标：使组员更加了解高血压相关知识及平时的保健；通过小组的支持缓解因疾病带来的心理压力；增加高血压患者之间的沟通与交流，促进他们的社会参与；增进组员直接的沟通与交流，促进组员直接的互助，扩大他们的社会支持网络。但是对于深层次的目标“养成正确的生活方式和共同解决遇到的问题”未能较好地实现。

（四）存在的问题

病友支持小组为开放性小组，小组成员不是完全固定，小组的活动内容的连续性较小组策划书有所改动，连续性不够好；第一次小组活动是座谈的形式，场面有点失控。第二次的小组组员较少，适宜座谈。第三次的小组活动主要是在室外做运动，符合组员的爱好和需求。第四、五次的小组活动，更多偏向于知识的传达，由医生或社工主持，也能引导组员讨论。

六、专业反思

1. 开放性小组不宜形成团体动力，社工或者其他主持人的角色始终处于中心地位，未能很好地退居边缘。

2. 小组活动策划，活动内容和形式应更贴近小组成员的实际需要和习惯，以吸纳小组成员；招募小组成员时，广开思路，扩展至社区居民；联结社区资源包括居委会、社区门诊等，使得小组活动内容丰富、充实。

附录

城市居民最低生活保障条例

中华人民共和国国务院令第 271 号

《城市居民最低生活保障条例》已经国务院第 21 次常务会议通过，现予发布，自 1999 年 10 月 1 日起施行。

总理　朱镕基

一九九九年九月二十八日

第一条　为了规范城市居民最低生活保障制度，保障城市居民基本生活，制定本条例。

第二条　持有非农业户口的城市居民，凡共同生活的家庭成员人均收入低于当地城市居民最低生活保障标准的，均有从当地人民政府获得基本生活物质帮助的权利。

前款所称收入，是指共同生活的家庭成员的全部货币收入和实物收入，包括法定赡养人、扶养人或者抚养人应当给付的赡养费、扶养费或者抚养费，不包括优抚对象按照国家规定享受的抚恤金、补助金。

第三条　城市居民最低生活保障制度遵循保障城市居民基本生活的原则，坚持国家保障与社会帮扶相结合、鼓励劳动自救的方针。

第四条 城市居民最低生活保障制度实行地方各级人民政府负责制。县级以上地方各级人民政府民政部门具体负责本行政区域内城市居民最低生活保障的管理工作;财政部门按照规定落实城市居民最低生活保障资金;统计、物价、审计、劳动保障和人事等部门分工负责,在各自的职责范围内负责城市居民最低生活保障的有关工作。

县级人民政府民政部门以及街道办事处和镇人民政府(以下统称管理审批机关)负责城市居民最低生活保障的具体管理审批工作。

居民委员会根据管理审批机关的委托,可以承担城市居民最低生活保障的日常管理、服务工作。

国务院民政部门负责全国城市居民最低生活保障的管理工作。

第五条 城市居民最低生活保障所需资金,由地方人民政府列入财政预算,纳入社会救济专项资金支出项目,专项管理,专款专用。

国家鼓励社会组织和个人为城市居民最低生活保障提供捐赠、资助;所提供的捐赠资助,全部纳入当地城市居民最低生活保障资金。

第六条 城市居民最低生活保障标准,按照当地维持城市居民基本生活所必需的衣、食、住费用,并适当考虑水电燃煤(燃气)费用以及未成年人的义务教育费用确定。

直辖市、设区的市的城市居民最低生活保障标准,由市人民政府民政部门会同财政、统计、物价等部门制定,报本级人民政府批准并公布执行;县(县级市)的城市居民最低生活保障标准,由县(县级市)人民政府民政部门会同财政、统计、物价等部门制定,报本级人民政府批准并报上一级人民政府备案后公布执行。

城市居民最低生活保障标准需要提高时,依照前两款的规定重新核定。

第七条 申请享受城市居民最低生活保障待遇,由户主向户籍所在地的街道办事处或者镇人民政府提出书面申请,并出具有关证明材料,填写《城市居民最低生活保障待遇审批表》。城市居民最低生活保障待遇,由其所在地的街道办事处或者镇人民政府初审,并将有关材料和初审意见报送县级人民政府民政部门审批。

管理审批机关为审批城市居民最低生活保障待遇的需要,可以通过入户调查、邻里访问以及信函索证等方式对申请人的家庭经济状况和实际生活水平进行调查核实。申请人及有关单位、组织或者个人应当接受调查,如实提供有关情况。

第八条 县级人民政府民政部门经审查,对符合享受城市居民最低生活保障待遇条件的家庭,应当区分下列不同情况批准其享受城市居民最低生活保障待遇:

(一)对无生活来源、无劳动能力又无法定赡养人、扶养人或者抚养人的城市居民,批准其按照当地城市居民最低生活保障标准全额享受;

(二)对尚有一定收入的城市居民,批准其按照家庭人均收入低于当地城市居民最低生活保障标准的差额享受。

县级人民政府民政部门经审查,对不符合享受城市居民最低生活保障待遇条件的,应当书面通知申请人,并说明理由。

管理审批机关应当自接到申请人提出申请之日起的30日内办结审批手续。

城市居民最低生活保障待遇由管理审批机关以货币形式按月发放;必要时,也可以给付实物。

第九条 对经批准享受城市居民最低生活保障待遇的城市居民,由管理审批机关采取适当形式以户为单位予以公布,接受群众监督。任何人对不符合法定条件而享受城市居民最低生活保障待遇的,都有权向管理审批机关提出意见;管理审批机关经核查,对情况属实的,应当予以纠正。

第十条 享受城市居民最低生活保障待遇的城市居民家庭人均收入情况发生变化的,应当及时通过居民委员会告知管理审批机关,办理停发、减发或者增发城市居民最低生活保障待遇的手续。

管理审批机关应当对享受城市居民最低生活保障待遇的城市居民的家庭收入情况定期进行核查。

在就业年龄内有劳动能力但尚未就业的城市居民,在享受城市居民最低生活保障待遇期间,应当参加其所在的居民委员会组织的公益性社区服务劳动。

第十一条 地方各级人民政府及其有关部门,应当对享受城市居民最低生活保障待遇的城市居民在就业、从事个体经营等方面给予必要的扶持和照顾。

第十二条 财政部门、审计部门依法监督城市居民最低生活保障资金的使用情况。

第十三条 从事城市居民最低生活保障管理审批工作的人员有下列行为之一的,给予批评教育,依法给予行政处分;构成犯罪的,依法追究刑事责任:

(一)对符合享受城市居民最低生活保障待遇条件的家庭拒不签署同意享受城市居民最低生活保障待遇意见的,或者对不符合享受城市居民最低生活保障待遇条件的家庭故意签署同意享受城市居民最低生活保障待遇意见的;

(二)玩忽职守、徇私舞弊,或者贪污、挪用、扣压、拖欠城市居民最低生活保障款物的。

第十四条 享受城市居民最低生活保障待遇的城市居民有下列行为之一的,由县级人民政府民政部门给予批评教育或者警告,追回其冒领的城市居民最低生活保障款物;情节恶劣的,处冒领金额 1 倍以上 3 倍以下的罚款:

(一)采取虚报、隐瞒、伪造等手段,骗取享受城市居民最低生活保障待遇的;

(二)在享受城市居民最低生活保障待遇期间家庭收入情况好转,不按规定告知管理审批机关,继续享受城市居民最低生活保障待遇的。

第十五条 城市居民对县级人民政府民政部门作出的不批准享受城市居民最低生活保障待遇或者减发、停发城市居民最低生活保障款物的决定或者给予的行政处罚不服的,可以依法申请行政复议;对复议决定仍不服的,可以依法提起行政诉讼。

第十六条 省、自治区、直辖市人民政府可以根据本条例,结合本行政区域城市居民最低生活保障工作的实际情况,规定实施的办法和步骤。

第十七条 本条例自1999年10月1日起施行。

国务院关于进一步加强和改进最低生活保障工作的意见

国发〔2012〕45 号

各省、自治区、直辖市人民政府，国务院各部委、各直属机构：

最低生活保障事关困难群众衣食冷暖，事关社会和谐稳定和公平正义，是贯彻落实科学发展观的重要举措，是维护困难群众基本生活权益的基础性制度安排。近年来，随着各项相关配套政策的陆续出台，最低生活保障制度在惠民生、解民忧、保稳定、促和谐等方面作出了突出贡献，有效保障了困难群众的基本生活。但一些地区还不同程度存在对最低生活保障工作重视不够、责任不落实、管理不规范、监管不到位、工作保障不力、工作机制不健全等问题。为切实加强和改进最低生活保障工作，现提出如下意见：

一、总体要求和基本原则

（一）总体要求

最低生活保障工作要以科学发展观为指导，以保障和改善民生为主题，以强化责任为主线，坚持保基本、可持续、重公正、求实效的方针，进一步完善法规政策，健全工作机制，严格规范管理，加强能力建设，努力构建标准科学、对象准确、待遇公正、进出有序的最低生活保障工作格局，不断提高最低生活保障制度的科学性和执行力，切实维护困难群众基本生活权益。

（二）基本原则

坚持应保尽保。把保障困难群众基本生活放到更加突出的位置,落实政府责任,加大政府投入,加强部门协作,强化监督问责,确保把所有符合条件的困难群众全部纳入最低生活保障范围。

坚持公平公正。健全最低生活保障法规制度,完善程序规定,畅通城乡居民的参与渠道,加大政策信息公开力度,做到审批过程公开透明,审批结果公平公正。

坚持动态管理。采取最低生活保障对象定期报告和管理审批机关分类复核相结合等方法,加强对最低生活保障对象的日常管理和服务,切实做到保障对象有进有出、补助水平有升有降。

坚持统筹兼顾。统筹城乡、区域和经济社会发展,做到最低生活保障标准与经济社会发展水平相适应,最低生活保障制度与其他社会保障制度相衔接,有效保障困难群众基本生活。

二、加强和改进最低生活保障工作的政策措施

(一)完善最低生活保障对象认定条件

户籍状况、家庭收入和家庭财产是认定最低生活保障对象的三个基本条件。各地要根据当地情况,制定并向社会公布享受最低生活保障待遇的具体条件,形成完善的最低生活保障对象认定标准体系。同时,要明确核算和评估最低生活保障申请人家庭收入和家庭财产的具体办法,并对赡养、抚养、扶养义务人履行相关法定义务提出具体要求。科学制定最低生活保障标准,健全救助标准与物价上涨挂钩的联动机制,综合运用基本生活费用支出法、恩格尔系数法、消费支出比例法等测算方法,动态、适时调整最低生活保障标准,最低生活保障标准应低于最低工资标准;省级人民政府可根据区域经济社会发展情况,研究制定本行政区域内相对统一的区域标准,逐步缩小城乡差距、区域差距。

(二)规范最低生活保障审核审批程序

规范申请程序。凡认为符合条件的城乡居民都有权直接向其户籍所在地的乡镇人民政府(街道办事处)提出最低生活保障申请;乡镇人民政府(街道办事处)无正当理由,不得拒绝受理。受最低生活保障申请人委托,村(居)民委员会可以代为提交申请。申请最低生活保障要以家庭为单位,按规定提交相关材料,书面声明家庭收入和财产状况,并由申请人签字确认。

规范审核程序。乡镇人民政府(街道办事处)是审核最低生活保障申请的责任主体,在村(居)民委员会协助下,应当对最低生活保障申请家庭逐一入户调查,详细核查申请材料以及各项声明事项的真实性和完整性,并由调查人员和申请人签字确认。

规范民主评议。入户调查结束后,乡镇人民政府(街道办事处)应当组织村(居)民代表或者社区评议小组对申请人声明的家庭收入、财产状况以及入户调查结果的真实性进行评议。各地要健全完善最低生活保障民主评议办法,规范评议程序、评议方式、评议内容和参加人员。

规范审批程序。县级人民政府民政部门是最低生活保障审批的责任主体,在作出审批决定前,应当全面审查乡镇人民政府(街道办事处)上报的调查材料和审核意见(含民主评议结果),并按照不低于30%的比例入户抽查。有条件的地方,县级人民政府民政部门可邀请乡镇人民政府(街道办事处)、村(居)民委员会参与审批,促进审批过程的公开透明。严禁不经调查直接将任何群体或个人纳入最低生活保障范围。

规范公示程序。各地要严格执行最低生活保障审核审批公示制度,规范公示内容、公示形式和公示时限等。社区要设置统一的固定公示栏;乡镇人民政府(街道办事处)要及时公示入户调查、民主评议和审核结果,并确保公示的真实性和准确性;县级人民政府民政部门应当就最低生活保障对象的家庭成员、收入情况、保障金额等在其居住地长期公示,逐步完善面向公众的最低生活保障对象信息查询机制,并完善异议复核制度。公示中要注意保护最低生活保障对象的个人隐私,严禁公开与享受最低生活保障待遇无关的信息。

规范发放程序。各地要全面推行最低生活保障金社会化发放,按照财政国库管理制度将最低生活保障金直接支付到保障家庭账户，确保最低生活保障金足额、及时发放到位。

（三）建立救助申请家庭经济状况核对机制

在强化入户调查、邻里访问、信函索证等调查手段基础上，加快建立跨部门、多层次、信息共享的救助申请家庭经济状况核对机制，健全完善工作机构和信息核对平台，确保最低生活保障等社会救助对象准确、高效、公正认定。经救助申请人及其家庭成员授权，公安、人力资源社会保障、住房城乡建设、金融、保险、工商、税务、住房公积金等部门和机构应当根据有关规定和最低生活保障等社会救助对象认定工作需要，及时向民政部门提供户籍、机动车、就业、保险、住房、存款、证券、个体工商户、纳税、公积金等方面的信息。民政部要会同有关部门研究制定具体的信息查询办法，并负责跨省（区、市）的信息查询工作。到“十二五”末，全国要基本建立救助申请家庭经济状况核对机制。

（四）加强最低生活保障对象动态管理

对已经纳入最低生活保障范围的救助对象，要采取多种方式加强管理服务，定期跟踪保障对象家庭变化情况，形成最低生活保障对象有进有出、补助水平有升有降的动态管理机制。各地要建立最低生活保障家庭人口、收入和财产状况定期报告制度，并根据报告情况分类、定期开展核查，将不再符合条件的及时退出保障范围。对于无生活来源、无劳动能力又无法定赡养、抚养、扶养义务人的“三无人员”，可每年核查一次；对于短期内收入变化不大的家庭，可每半年核查一次；对于收入来源不固定、成员有劳动能力和劳动条件的最低生活保障家庭，原则上实行城市按月、农村按季核查。

（五）健全最低生活保障工作监管机制

地方各级人民政府要将最低生活保障政策落实情况作为督察督办的重点内容，定期组织开展专项检查；民政部、财政部要会同有关部门对全国最低生活保障工作进行重点抽查。财政、审计、监察部门要加强对最低生活保障资金管理使用情况的监督检查,防止挤占、挪用、套取等违纪违法现象发生。建立最低生活保障经办人员和村(居)民委员会干部近亲属享受最低生活保障备案制度,县级人民政府民政部门要对备案的最低生活保障对象严格核查管理。充分发挥舆论监督的重要作用,对于媒体发现揭露的问题,应及时查处并公布处理结果。要通过政府购买服务等方式,鼓励社会组织参与、评估、监督最低生活保障工作,财政部门要通过完善相关政策给予支持。

(六)建立健全投诉举报核查制度

各地要公开最低生活保障监督咨询电话,畅通投诉举报渠道,健全投诉举报核查制度。有条件的地方要以省为单位设置统一的举报投诉电话。要切实加强最低生活保障来信来访工作,推行专人负责、首问负责等制度。各级人民政府、县级以上人民政府民政部门应当自受理最低生活保障信访事项之日起60日内办结;信访人对信访事项处理意见不服的,可以自收到书面答复之日起30日内请求原办理行政机关的上一级行政机关复查,收到复查请求的行政机关应当自收到复查请求之日起30日内提出复查意见,并予以书面答复;信访人对复查意见不服的,可以自收到书面答复之日起30日内向复查机关的上一级行政机关请求复核,收到复核请求的行政机关应当自收到复核请求之日起30日内提出复核意见;信访人对复核意见不服,仍以同一事实和理由提出信访请求的,不再受理,民政等部门要积极向信访人做好政策解释工作。民政部或者省级人民政府民政部门对最低生活保障重大信访事项或社会影响恶劣的违规违纪事件,可会同信访等相关部门直接督办。

(七)加强最低生活保障与其他社会救助制度的有效衔接

加快推进低收入家庭认定工作,为医疗救助、教育救助、住房保障等社会救助政策向低收入家庭拓展提供支撑;全面建立临时救助制度,有效解决低收入群众的突发性、临时性基本生活困难;做好最低生活保障与养老、医疗等社会保险制度的衔接工作。对最低生活保障家庭中的老年人、未成年人、重度残疾人、重病患者等重点救助对象,要采取多种措施提高其救助水平。鼓励机关、企事业单位、社会组织和个人积极开展扶贫帮困活动,形成慈善事业与社会救助的有效衔接。

完善城市最低生活保障与就业联动、农村最低生活保障与扶贫开发衔接机制,鼓励积极就业,加大对有劳动能力最低生活保障对象的就业扶持力度。劳动年龄内、有劳动能力、失业的城市困难群众,在申请最低生活保障时,应当先到当地公共就业服务机构办理失业登记;公共就业服务机构应当向登记失业的最低生活保障对象提供及时的就业服务和重点帮助;对实现就业的最低生活保障对象,在核算其家庭收入时,可以扣减必要的就业成本。

三、强化工作保障,确保各项政策措施落到实处

(一)加强能力建设。省级人民政府要切实加强最低生活保障工作能力建设,统筹研究制定按照保障对象数量等因素配备相应工作人员的具体办法和措施。地方各级人民政府要结合本地实际和全面落实最低生活保障制度的要求,科学整合县(市、区)、乡镇人民政府(街道办事处)管理机构及人力资源,充实加强基层最低生活保障工作力量,确保事有人管、责有人负。加强最低生活保障工作人员业务培训,保障工作场所、条件和待遇,不断提高最低生活保障管理服务水平。加快推进信息化建设,全面部署全国最低生活保障信息管理系统。

(二)加强经费保障。省级财政要优化和调整支出结构,切实加大最低生活保障资金投入。中央财政最低生活保障补助资金重点向保障任务重、财政困难地区倾斜,在分配最低生活保障补助资金时,财政部要会同民政部研究"以奖代补"的办法和措施,对工作绩效突出地区给予奖励,引导各地进一步完善制度,加强管理。要切实保障基层工作经费,最低生活保障工作所需经费要纳入地方各级财政预算。基层最低生活保障工作经费不足的地区,省市级财政给予适当补助。

（三）加强政策宣传。以党和政府对最低生活保障工作的有关要求以及认定条件、审核审批、补差发放、动态管理等政策规定为重点，深入开展最低生活保障政策宣传。利用广播、电视、网络等媒体和宣传栏、宣传册、明白纸等群众喜闻乐见的方式，不断提高最低生活保障信息公开的针对性、时效性和完整性。充分发挥新闻媒体的舆论引导作用，大力宣传最低生活保障在保障民生、维护稳定、促进和谐等方面的重要作用，引导公众关注、参与、支持最低生活保障工作，在全社会营造良好的舆论氛围。

四、加强组织领导，进一步落实管理责任

（一）加强组织领导。进一步完善政府领导、民政牵头、部门配合、社会参与的社会救助工作机制。建立由民政部牵头的社会救助部际联席会议制度，统筹做好最低生活保障与医疗、教育、住房等其他社会救助政策以及促进就业政策的协调发展和有效衔接，研究解决救助申请家庭经济状况核对等信息共享问题，督导推进社会救助体系建设。地方各级人民政府要将最低生活保障工作纳入重要议事日程，纳入经济社会发展总体规划，纳入科学发展考评体系，建立健全相应的社会救助协调工作机制，组织相关部门协力做好社会救助制度完善、政策落实和监督管理等各项工作。

（二）落实管理责任。最低生活保障工作实行地方各级人民政府负责制，政府主要负责人对本行政区域最低生活保障工作负总责。县级以上地方各级人民政府要切实担负起最低生活保障政策制定、资金投入、工作保障和监督管理责任，乡镇人民政府（街道办事处）要切实履行最低生活保障申请受理、调查、评议和公示等审核职责，充分发挥包村干部的作用。各地要将最低生活保障政策落实情况纳入地方各级人民政府绩效考核，考核结果作为政府领导班子和相关领导干部综合考核评价的重要内容，作为干部选拔任用、管理监督的重要依据。民政部要会同财政部等部门研究建立最低生活保障工作绩效评价指标体系和评价办法，并组织开展对各省（区、市）最低生活保障工作的年度绩效评价。

（三）强化责任追究。对因工作重视不够、管理不力、发生重大问题、造成严重社会影响的地方政府和部门负责人，以及在最低生活保障审核审批过程中滥用职权、玩忽职守、徇私舞弊、失职渎职的工作人员，要依纪依法追究责任。同时，各地要加大对骗取最低生活保障待遇人员查处力度，除追回骗取的最低生活保障金外，还要依法给予行政处罚；涉嫌犯罪的，移送司法机关处理。对无理取闹、采用威胁手段强行索要最低生活保障待遇的，公安机关要给予批评教育直至相关处罚。对于出具虚假证明材料的单位和个人，各地除按有关法律法规规定处理外，还应将有关信息记入征信系统。

国务院

2012 年 9 月 1 日

社会救助暂行办法

中华人民共和国国务院令第649号

第一章 总 则

第一条 为了加强社会救助,保障公民的基本生活,促进社会公平,维护社会和谐稳定,根据宪法,制定本办法。

第二条 社会救助制度坚持托底线、救急难、可持续,与其他社会保障制度相衔接,社会救助水平与经济社会发展水平相适应。

社会救助工作应当遵循公开、公平、公正、及时的原则。

第三条 国务院民政部门统筹全国社会救助体系建设。国务院民政、卫生计生、教育、住房城乡建设、人力资源社会保障等部门,按照各自职责负责相应的社会救助管理工作。

县级以上地方人民政府民政、卫生计生、教育、住房城乡建设、人力资源社会保障等部门,按照各自职责负责本行政区域内相应的社会救助管理工作。

前两款所列行政部门统称社会救助管理部门。

第四条 乡镇人民政府、街道办事处负责有关社会救助的申请受理、调查审核,具体工作由社会救助经办机构或者经办人员承担。

村民委员会、居民委员会协助做好有关社会救助工作。

第五条 县级以上人民政府应当将社会救助纳入国民经济和社会发展规划,建立健全政府领导、民政部门牵头、有关部门配合、社会力量参与的社会救助工作协调机制,完善社会救助资金、物资保障机制,将政府安排的社会救助资金和社会救助工作经费纳入财政预算。

社会救助资金实行专项管理，分账核算，专款专用，任何单位或者个人不得挤占挪用。社会救助资金的支付，按照财政国库管理的有关规定执行。

第六条 县级以上人民政府应当按照国家统一规划建立社会救助管理信息系统，实现社会救助信息互联互通、资源共享。

第七条 国家鼓励、支持社会力量参与社会救助。

第八条 对在社会救助工作中作出显著成绩的单位、个人，按照国家有关规定给予表彰、奖励。

第二章　最低生活保障

第九条 国家对共同生活的家庭成员人均收入低于当地最低生活保障标准，且符合当地最低生活保障家庭财产状况规定的家庭，给予最低生活保障。

第十条 最低生活保障标准，由省、自治区、直辖市或者设区的市级人民政府按照当地居民生活必需的费用确定、公布，并根据当地经济社会发展水平和物价变动情况适时调整。

最低生活保障家庭收入状况、财产状况的认定办法，由省、自治区、直辖市或者设区的市级人民政府按照国家有关规定制定。

第十一条 申请最低生活保障，按照下列程序办理：

（一）由共同生活的家庭成员向户籍所在地的乡镇人民政府、街道办事处提出书面申请；家庭成员申请有困难的，可以委托村民委员会、居民委员会代为提出申请。

（二）乡镇人民政府、街道办事处应当通过入户调查、邻里访问、信函索证、群众评议、信息核查等方式，对申请人的家庭收入状况、财产状况进行调查核实，提出初审意见，在申请人所在村、社区公示后报县级人民政府民政部门审批。

（三）县级人民政府民政部门经审查，对符合条件的申请予以批准，并在申请人所在村、社区公布；对不符合条件的申请不予批准，并书面向申请人说明理由。

第十二条 对批准获得最低生活保障的家庭,县级人民政府民政部门按照共同生活的家庭成员人均收入低于当地最低生活保障标准的差额,按月发给最低生活保障金。

对获得最低生活保障后生活仍有困难的老年人、未成年人、重度残疾人和重病患者,县级以上地方人民政府应当采取必要措施给予生活保障。

第十三条 最低生活保障家庭的人口状况、收入状况、财产状况发生变化的,应当及时告知乡镇人民政府、街道办事处。

县级人民政府民政部门以及乡镇人民政府、街道办事处应当对获得最低生活保障家庭的人口状况、收入状况、财产状况定期核查。

最低生活保障家庭的人口状况、收入状况、财产状况发生变化的,县级人民政府民政部门应当及时决定增发、减发或者停发最低生活保障金;决定停发最低生活保障金的,应当书面说明理由。

第三章 特困人员供养

第十四条 国家对无劳动能力、无生活来源且无法定赡养、抚养、扶养义务人,或者其法定赡养、抚养、扶养义务人无赡养、抚养、扶养能力的老年人、残疾人以及未满16周岁的未成年人,给予特困人员供养。

第十五条 特困人员供养的内容包括:

(一)提供基本生活条件;

(二)对生活不能自理的给予照料;

(三)提供疾病治疗;

(四)办理丧葬事宜。

特困人员供养标准,由省、自治区、直辖市或者设区的市级人民政府确定、公布。

特困人员供养应当与城乡居民基本养老保险、基本医疗保障、最低生活保障、孤儿基本生活保障等制度相衔接。

第十六条 申请特困人员供养，由本人向户籍所在地的乡镇人民政府、街道办事处提出书面申请；本人申请有困难的，可以委托村民委员会、居民委员会代为提出申请。

特困人员供养的审批程序适用本办法第十一条规定。

第十七条 乡镇人民政府、街道办事处应当及时了解掌握居民的生活情况，发现符合特困供养条件的人员，应当主动为其依法办理供养。

第十八条 特困供养人员不再符合供养条件的，村民委员会、居民委员会或者供养服务机构应当告知乡镇人民政府、街道办事处，由乡镇人民政府、街道办事处审核并报县级人民政府民政部门核准后，终止供养并予以公示。

第十九条 特困供养人员可以在当地的供养服务机构集中供养，也可以在家分散供养。特困供养人员可以自行选择供养形式。

第四章 受灾人员救助

第二十条 国家建立健全自然灾害救助制度，对基本生活受到自然灾害严重影响的人员，提供生活救助。

自然灾害救助实行属地管理，分级负责。

第二十一条 设区的市级以上人民政府和自然灾害多发、易发地区的县级人民政府应当根据自然灾害特点、居民人口数量和分布等情况，设立自然灾害救助物资储备库，保障自然灾害发生后救助物资的紧急供应。

第二十二条 自然灾害发生后，县级以上人民政府或者人民政府的自然灾害救助应急综合协调机构应当根据情况紧急疏散、转移、安置受灾人员，及时为受灾人员提供必要的食品、饮用水、衣被、取暖、临时住所、医疗防疫等应急救助。

第二十三条 灾情稳定后，受灾地区县级以上人民政府应当评估、核定并发布自然灾害损失情况。

第二十四条 受灾地区人民政府应当在确保安全的前提下，对住房损毁严重的受灾人员进行过渡性安置。

第二十五条 自然灾害危险消除后，受灾地区人民政府民政等部门应当及时核实本行政区域内居民住房恢复重建补助对象，并给予资金、物资等救助。

第二十六条 自然灾害发生后，受灾地区人民政府应当为因当年冬寒或者次年春荒遇到生活困难的受灾人员提供基本生活救助。

第五章 医疗救助

第二十七条 国家建立健全医疗救助制度，保障医疗救助对象获得基本医疗卫生服务。

第二十八条 下列人员可以申请相关医疗救助：

（一）最低生活保障家庭成员；

（二）特困供养人员；

（三）县级以上人民政府规定的其他特殊困难人员。

第二十九条 医疗救助采取下列方式：

（一）对救助对象参加城镇居民基本医疗保险或者新型农村合作医疗的个人缴费部分，给予补贴；

（二）对救助对象经基本医疗保险、大病保险和其他补充医疗保险支付后，个人及其家庭难以承担的符合规定的基本医疗自负费用，给予补助。

医疗救助标准，由县级以上人民政府按照经济社会发展水平和医疗救助资金情况确定、公布。

第三十条 申请医疗救助的，应当向乡镇人民政府、街道办事处提出，经审核、公示后，由县级人民政府民政部门审批。最低生活保障家庭成员和特困供养人员的医疗救助，由县级人民政府民政部门直接办理。

第三十一条 县级以上人民政府应当建立健全医疗救助与基本医疗保险、大病保险相衔接的医疗费用结算机制，为医疗救助对象提供便捷服务。

第三十二条 国家建立疾病应急救助制度，对需要急救但身份不明或者无力支付急救费用的急重危伤病患者给予救助。符合规定的急救费用由疾病应急救助基金支付。

疾病应急救助制度应当与其他医疗保障制度相衔接。

第六章 教育救助

第三十三条 国家对在义务教育阶段就学的最低生活保障家庭成员、特困供养人员，给予教育救助。

对在高中教育（含中等职业教育）、普通高等教育阶段就学的最低生活保障家庭成员、特困供养人员，以及不能入学接受义务教育的残疾儿童，根据实际情况给予适当教育救助。

第三十四条 教育救助根据不同教育阶段需求，采取减免相关费用、发放助学金、给予生活补助、安排勤工助学等方式实施，保障教育救助对象基本学习、生活需求。

第三十五条 教育救助标准，由省、自治区、直辖市人民政府根据经济社会发展水平和教育救助对象的基本学习、生活需求确定、公布。

第三十六条 申请教育救助，应当按照国家有关规定向就读学校提出，按规定程序审核、确认后，由学校按照国家有关规定实施。

第七章 住房救助

第三十七条 国家对符合规定标准的住房困难的最低生活保障家庭、分散供养的特困人员，给予住房救助。

第三十八条 住房救助通过配租公共租赁住房、发放住房租赁补贴、农村危房改造等方式实施。

第三十九条 住房困难标准和救助标准,由县级以上地方人民政府根据本行政区域经济社会发展水平、住房价格水平等因素确定、公布。

第四十条 城镇家庭申请住房救助的,应当经由乡镇人民政府、街道办事处或者直接向县级人民政府住房保障部门提出,经县级人民政府民政部门审核家庭收入、财产状况和县级人民政府住房保障部门审核家庭住房状况并公示后,对符合申请条件的申请人,由县级人民政府住房保障部门优先给予保障。

农村家庭申请住房救助的,按照县级以上人民政府有关规定执行。

第四十一条 各级人民政府按照国家规定通过财政投入、用地供应等措施为实施住房救助提供保障。

第八章 就业救助

第四十二条 国家对最低生活保障家庭中有劳动能力并处于失业状态的成员,通过贷款贴息、社会保险补贴、岗位补贴、培训补贴、费用减免、公益性岗位安置等办法,给予就业救助。

第四十三条 最低生活保障家庭有劳动能力的成员均处于失业状态的,县级以上地方人民政府应当采取有针对性的措施,确保该家庭至少有一人就业。

第四十四条 申请就业救助的,应当向住所地街道、社区公共就业服务机构提出,公共就业服务机构核实后予以登记,并免费提供就业岗位信息、职业介绍、职业指导等就业服务。

第四十五条 最低生活保障家庭中有劳动能力但未就业的成员,应当接受人力资源社会保障等有关部门介绍的工作;无正当理由,连续3次拒绝接受介绍的与其健康状况、劳动能力等相适应的工作的,县级人民政府民政部门应当决定减发或者停发其本人的最低生活保障金。

第四十六条 吸纳就业救助对象的用人单位，按照国家有关规定享受社会保险补贴、税收优惠、小额担保贷款等就业扶持政策。

第九章 临时救助

第四十七条 国家对因火灾、交通事故等意外事件，家庭成员突发重大疾病等原因，导致基本生活暂时出现严重困难的家庭，或者因生活必需支出突然增加超出家庭承受能力，导致基本生活暂时出现严重困难的最低生活保障家庭，以及遭遇其他特殊困难的家庭，给予临时救助。

第四十八条 申请临时救助的，应当向乡镇人民政府、街道办事处提出，经审核、公示后，由县级人民政府民政部门审批；救助金额较小的，县级人民政府民政部门可以委托乡镇人民政府、街道办事处审批。情况紧急的，可以按照规定简化审批手续。

第四十九条 临时救助的具体事项、标准，由县级以上地方人民政府确定、公布。

第五十条 国家对生活无着的流浪、乞讨人员提供临时食宿、急病救治、协助返回等救助。

第五十一条 公安机关和其他有关行政机关的工作人员在执行公务时发现流浪、乞讨人员的，应当告知其向救助管理机构求助。对其中的残疾人、未成年人、老年人和行动不便的其他人员，应当引导、护送到救助管理机构；对突发急病人员，应当立即通知急救机构进行救治。

第十章 社会力量参与

第五十二条 国家鼓励单位和个人等社会力量通过捐赠、设立帮扶项目、创办服务机构、提供志愿服务等方式，参与社会救助。

第五十三条 社会力量参与社会救助，按照国家有关规定享受财政补贴、税收优惠、费用减免等政策。

第五十四条 县级以上地方人民政府可以将社会救助中的具体服务事项通过委托、承包、采购等方式,向社会力量购买服务。

第五十五条 县级以上地方人民政府应当发挥社会工作服务机构和社会工作者作用,为社会救助对象提供社会融入、能力提升、心理疏导等专业服务。

第五十六条 社会救助管理部门及相关机构应当建立社会力量参与社会救助的机制和渠道,提供社会救助项目、需求信息,为社会力量参与社会救助创造条件、提供便利。

第十一章 监督管理

第五十七条 县级以上人民政府及其社会救助管理部门应当加强对社会救助工作的监督检查,完善相关监督管理制度。

第五十八条 申请或者已获得社会救助的家庭,应当按照规定如实申报家庭收入状况、财产状况。

县级以上人民政府民政部门根据申请或者已获得社会救助家庭的请求、委托,可以通过户籍管理、税务、社会保险、不动产登记、工商登记、住房公积金管理、车船管理等单位和银行、保险、证券等金融机构,代为查询、核对其家庭收入状况、财产状况;有关单位和金融机构应当予以配合。

县级以上人民政府民政部门应当建立申请和已获得社会救助家庭经济状况信息核对平台,为审核认定社会救助对象提供依据。

第五十九条 县级以上人民政府社会救助管理部门和乡镇人民政府、街道办事处在履行社会救助职责过程中,可以查阅、记录、复制与社会救助事项有关的资料,询问与社会救助事项有关的单位、个人,要求其对相关情况作出说明,提供相关证明材料。有关单位、个人应当如实提供。

第六十条 申请社会救助,应当按照本办法的规定提出;申请人难以确定社会救助管理部门的,可以先向社会救助经办机构或者县级人民政府民政部门求助。社会救助经办机构或者县级人民政府民政部门接到求助后,应当及时办理或者转交其他社会救助管理部门办理。

乡镇人民政府、街道办事处应当建立统一受理社会救助申请的窗口,及时受理、转办申请事项。

第六十一条 履行社会救助职责的工作人员对在社会救助工作中知悉的公民个人信息,除按照规定应当公示的信息外,应当予以保密。

第六十二条 县级以上人民政府及其社会救助管理部门应当通过报刊、广播、电视、互联网等媒体,宣传社会救助法律、法规和政策。

县级人民政府及其社会救助管理部门应当通过公共查阅室、资料索取点、信息公告栏等便于公众知晓的途径,及时公开社会救助资金、物资的管理和使用等情况,接受社会监督。

第六十三条 履行社会救助职责的工作人员行使职权,应当接受社会监督。

任何单位、个人有权对履行社会救助职责的工作人员在社会救助工作中的违法行为进行举报、投诉。受理举报、投诉的机关应当及时核实、处理。

第六十四条 县级以上人民政府财政部门、审计机关依法对社会救助资金、物资的筹集、分配、管理和使用实施监督。

第六十五条 申请或者已获得社会救助的家庭或者人员,对社会救助管理部门作出的具体行政行为不服的,可以依法申请行政复议或者提起行政诉讼。

第十二章 法律责任

第六十六条 违反本办法规定,有下列情形之一的,由上级行政机关或者监察机关责令改正;对直接负责的主管人员和其他直接责任人员依法给予处分:

（一）对符合申请条件的救助申请不予受理的；

（二）对符合救助条件的救助申请不予批准的；

（三）对不符合救助条件的救助申请予以批准的；

（四）泄露在工作中知悉的公民个人信息，造成后果的；

（五）丢失、篡改接受社会救助款物、服务记录等数据的；

（六）不按照规定发放社会救助资金、物资或者提供相关服务的；

（七）在履行社会救助职责过程中有其他滥用职权、玩忽职守、徇私舞弊行为的。

第六十七条 违反本办法规定，截留、挤占、挪用、私分社会救助资金、物资的，由有关部门责令追回；有违法所得的，没收违法所得；对直接负责的主管人员和其他直接责任人员依法给予处分。

第六十八条 采取虚报、隐瞒、伪造等手段，骗取社会救助资金、物资或者服务的，由有关部门决定停止社会救助，责令退回非法获取的救助资金、物资，可以处非法获取的救助款额或者物资价值1倍以上3倍以下的罚款；构成违反治安管理行为的，依法给予治安管理处罚。

第六十九条 违反本办法规定，构成犯罪的，依法追究刑事责任。

第十三章 附 则

第七十条 本办法自2014年5月1日起施行。

北京市低收入家庭认定暂行办法

京民救发〔2009〕443号

第一条 为进一步规范本市低收入家庭认定工作，根据国家有关规定，按照市民政局、市统计局等10个部门联合下发的《关于规范和统筹临时救助制度的通知》及本市城乡居民最低生活保障制度（以下简称低保）有关政策的规定，制定本办法。

第二条 本办法适用于本市城乡居民在申请政府社会救助管理部门实施的医疗救助、教育救助、住房救助等专项救助待遇以及一次性临时救助待遇时（以下统称"低收入家庭救助待遇"），民政部门对提出申请的家庭进行经济状况核查，认定是否符合本市城乡低收入家庭条件的工作。

第三条 市民政局是本市低收入家庭认定工作的主管部门。

区县民政部门负责实施本行政区域内低收入家庭认定工作。

第四条 "城乡低收入家庭认定标准"由市民政局、市统计局、国家统计局北京调查总队、市财政局定期测算，报市政府批准后公布执行。

第五条 低收入家庭收入认定主要核查家庭收入并综合考虑家庭财产状况。家庭收入是指家庭成员拥有的全部可支配收入，包括扣除缴纳的个人所得税以及个人缴纳的社会保障支出后的工薪收入、经营性净收入、财产性收入和转移性收入等。家庭财产是指家庭成员拥有的全部存款、房产、车辆、有价证券等财产。

有关家庭收入和家庭财产的具体核查办法，参照本市城乡低保制度的相应规定执行。低收入家庭在申请专项救助待遇时,该专项救助管理部门对家庭财产等另有规定的,按照该部门的规定执行。

第六条 本办法所称“城乡低收入家庭”是指具有本市正式户口(不含外地来京就读的在校学生),家庭月人均(农村为年人均)收入低于本市当年“城乡低收入家庭认定标准”的城乡居民家庭。具体包括以下三类:

(一)城乡低保家庭。该类家庭持有《北京市城市居民最低生活保障金领取证》或《北京市农村居民最低生活保障金领取证》(市民政局印制)。

(二)城市生活困难补助对象。其本人持有《北京市城市居民生活困难补助金领取证》(市民政局印制)。

(三)城乡低保边缘家庭。该类家庭持有《北京市低收入家庭救助证》(市民政局印制)。

第七条 城乡低保家庭可凭《北京市城市居民最低生活保障金领取证》或《北京市农村居民最低生活保障金领取证》,直接认定为低收入家庭,民政部门不再进行低收入家庭认定。

第八条 城市生活困难补助对象可凭《北京市城市居民生活困难补助金领取证》,直接认定为低收入对象,本人可按照社会救助管理部门的有关规定申请享受低收入家庭救助待遇。

城市生活困难补助对象为重残人的,民政部门可直接将该家庭认定为低收入家庭,核发《北京市低收入家庭救助证》;其他城市生活困难补助对象的家庭成员在申请低收入家庭救助待遇时,民政部门需进行低收入家庭认定,符合条件的,核发《北京市低收入家庭救助证》。

第九条 经民政部门认定,符合本市低收入家庭认定条件,家庭月人均(农村为年人均)收入高于本市城乡低保标准,低于本市城乡低收入家庭认定标准的城乡低保边缘家庭,可凭《北京市低收入家庭救助证》,按照社会救助管理部门的有关规定申请享受低收入家庭救助待遇。

第十条 申请本市城乡低收入家庭认定,应按照属地管理的原则,以家庭为单位,由申请人向户籍所在地的居(村)委会、社区工作站提出书面申请,同时提交以下材料。

(一)申请书(见附件1)。

(二)居民户口簿、居民身份证。

(三)收入证明。

(四)民政部门认为应当提供的相关证明。

其中,第三项、第四项所应提供证明的要求,具体参照本市城乡低保制度实施细则的相应规定执行。

第十一条 居(村)委会、社区工作站受街道办事处或者乡镇人民政府的委托,承担本辖区低收入家庭认定的申请、日常管理和服务等基础工作。

(一)申请登记。对提出申请的家庭进行登记,收齐各项证明材料,核实该家庭基本情况,填写《北京市低收入家庭认定申请登记表》(见附件2)。

(二)组织评议。参照本市城乡低保救助申请的评议方式,组织评议小组对申请家庭进行评议,填写《北京市低收入家庭认定评议意见书》(见附件3),并将申请人相关材料一并报送街道(乡镇)社会保障事务所(以下简称社保所)。

第十二条 街道办事处、乡镇人民政府社会救助工作承办机构(街道、乡镇民政部门和社保所)负责对居(村)委会、社区工作站上报的申请材料进行调查和审核。有关个人、单位、组织应当积极配合,并如实提供有关情况。

(一)街道(乡镇)社保所受理申请并初审。

1. 受理。将申请人有关材料录入信息管理系统,完成数据登记。

2. 调查核实。社保所在居(村)委会、社区工作站的协助下,组织入户调查,同时,通过信息查证、邻里访问以及信函索证等方式,对申请人的家庭经济状况进行调查核实，填写《北京市社会救助入户调查表》（市民政局制定）。

3. 进行第一次公示。通过《申请北京市低收入家庭认定基本情况公示书》（见附件4），由居（村）委会、社区工作站协助在辖区内对申请家庭基本情况进行公示（公示时间为7天），征求群众意见。

社保所填写《北京市低收入家庭认定表》（见附件5）及受理意见，并将公示结果和相关申请材料上报街道（乡镇）民政部门。

（二）街道（乡镇）民政部门对社保所上报材料进行审核，在《北京市低收入家庭认定表》填写审核意见，上报区县民政部门。

第十三条 区县民政部门根据各级承办机构的意见，对申请家庭进行认定。符合本市低收入家庭条件的，核发《北京市低收入家庭救助证》。对于不符合认定条件的，区县民政部门通过街道（乡镇）社保所，向申请人书面告知认定结果和陈述理由（告知书见附件6）。

对已核发《北京市低收入家庭救助证》的家庭，街道（乡镇）通过居（村）委会、社区工作站在辖区内予以第二次公示（公示时间为7天，公示书见附件7），接受群众监督。单位和个人对认定为低收入的家庭有异议，可以向街道（乡镇）或区（县）民政局提出。街道（乡镇）或区（县）民政局应当自接到异议之日起进行核查，情况属实的予以纠正。

第十四条 各级承办机构应在35个工作日内办结低收入家庭认定手续。

（一）居（村）委会、社区工作站应当在申请人提供相关材料齐备之日起，5个工作日内完成申请登记和评议工作。

（二）街道（乡镇）承办机构应当在20个工作日内完成受理、核查和审核工作。其中，街道（乡镇）社保所应在15个工作日内完成受理、核查工作（含第一次公示的7天）；街道（乡镇）民政部门应在5个工作日内完成审核工作。

（三）区县民政部门应在10个工作日内办结认定手续。

第十五条 《北京市低收入家庭救助证》自认定之日起，有效期为1年，到期自动作废。

第十六条 《北京市低收入家庭救助证》有效期内，低收入家庭应主动向户籍所在地街道（乡镇）社保所如实申报家庭人口、收入以及财产变动情况。

第十七条 《北京市低收入家庭救助证》有效期内，低收入家庭人口、收入以及财产发生变动，经民政部门核查，不再符合低收入认定条件的，区县民政部门应当收回并注销该家庭的《北京市低收入家庭救助证》。同时，街道（乡镇）社保所应及时书面告知停止原因（告知书见附件8）。

《北京市低收入家庭救助证》收回并注销的办理程序和时限参照申请、审核、认定的办理流程和时限执行。

第十八条 低收入家庭户籍发生变更，户籍所在地街道（乡镇）社保所应对该家庭进行重新认定。

第十九条 低收入家庭认定工作纳入北京市社会救助平台（信息管理系统），实现申请、受理、审核和认定全流程数据信息管理。

本市各专项救助管理部门应建立社会救助信息共享制度，通过北京市社会救助平台实现全市专项救助制度信息的统计与汇总。

第二十条 区县人民政府应加强低收入家庭收入认定工作机构的能力建设，落实必要的工作人员和经费。街道办事处、乡镇人民政府要采取调配、招用等形式，配备必要工作人员。

第二十一条 申请低收入认定的家庭采取虚报、隐瞒、伪造等手段，骗取低收入家庭救助待遇的，区县民政部门可对其进行批评教育或者警告，收回并注销其《北京市低收入家庭救助证》，取消相关救助待遇，追回已享受救助金。情节恶劣、触犯法律法规的，移交司法部门按相关法律法规进行处罚。

第二十二条 国家机关、企事业单位、社会团体以及其他社会组织，不如实提供申请低收入认定的家庭及家庭成员的有关情况，或者出具虚假证明的，由区县民政部门提请其上级主管机关或者有关部门依照法律法规和有关规定处理。

第二十三条 低收入家庭认定工作人员玩忽职守、滥用职权、徇私舞弊的，依法给予行政处分；涉嫌犯罪的，依法移送司法机关处理。

第二十四条 本通知自下发之日起实施。

附件：1.《北京市低收入家庭认定申请书》

2.《北京市低收入家庭认定申请登记表》

3.《北京市低收入家庭认定评议意见书》

4.《申请北京市低收入家庭认定基本情况公示书》

5.《北京市低收入家庭认定表》

6. 告知书

7.《北京市低收入家庭认定公示书》

8. 告知书

附件1：

北京市低收入家庭认定申请书

<table>
<tr><td rowspan="6">家庭成员基本信息</td><td>家庭关系</td><td>姓名</td><td>性别</td><td>年龄</td><td colspan="2">身份证号码</td><td>身体状况</td><td colspan="2">工作单位</td><td>月收入</td><td>户籍性质</td></tr>
<tr><td>本人</td><td></td><td></td><td></td><td colspan="2"></td><td></td><td colspan="2"></td><td>元</td><td></td></tr>
<tr><td></td><td></td><td></td><td></td><td colspan="2"></td><td></td><td colspan="2"></td><td>元</td><td></td></tr>
<tr><td></td><td></td><td></td><td></td><td colspan="2"></td><td></td><td colspan="2"></td><td>元</td><td></td></tr>
<tr><td></td><td></td><td></td><td></td><td colspan="2"></td><td></td><td colspan="2"></td><td>元</td><td></td></tr>
<tr><td></td><td></td><td></td><td></td><td colspan="2"></td><td></td><td colspan="2"></td><td>元</td><td></td></tr>
<tr><td rowspan="3">家庭信息</td><td>户籍地址</td><td colspan="10"></td></tr>
<tr><td>居住地址</td><td colspan="10">联系电话：</td></tr>
<tr><td>家庭人口</td><td colspan="3">人</td><td>家庭月总收入</td><td colspan="2">元</td><td>家庭月人均收入</td><td colspan="3">元</td></tr>
<tr><td>申请理由</td><td colspan="11">拟申请的救助项目：________
申请人签字：
年 月 日</td></tr>
</table>

注：1．农村居民家庭月收入指上年家庭纯收入并按月计算；
2．月收入指该家庭成员当月的全部收入总和。

附件2：

北京市低收入家庭认定申请登记表

区县：　　　　街道（乡镇）：　　　　居（村）委会、社区工作站：

家庭成员基本信息	家庭关系	姓名	性别	年龄	身份证号码	身体状况	工作单位	月收入	户籍性质
	本人							元	
								元	
								元	
								元	
								元	
家庭信息	户籍地址								
	居住地址						联系电话：		
	家庭人口	人	家庭月总收入		元	家庭月人均收入		元	
申请理由	拟申请的救助项目：______ 申请人签字： 年　月　日								
办理情况	负责人签字 居（村）委会、社区工作站盖章 年　月　日								

注：1. 农村居民家庭月收入指上年家庭纯收入并按月计算；
2. 月收入指该家庭成员当月的全部收入总和。

附件3：

北京市低收入家庭认定评议意见书

区县：　　　　街道（乡镇）：　　　　居（村）委会、社区工作站：

家庭成员基本信息	家庭关系	姓名	性别	年龄	身份证号码	身体状况	工作单位	月收入	户籍性质
	本人							元	
								元	
								元	
								元	
								元	
家庭信息	户籍地址								
	居住地址					联系电话：			
	家庭人口	人	家庭月总收入	元	家庭月人均收入	元			
评议意见									
评议小组成员签字	年　月　日								
居（村）委会、社区工作站意见	负责人签字　　居（村）委会、社区工作站盖章　年　月　日								

注：1. 农村居民家庭月收入指上年家庭纯收入并按月计算；

2. 月收入指该家庭成员当月的全部收入总和。

附件4：

申请北京市低收入家庭认定基本情况公示书

区县：　　　　街道（乡镇）：　　　　居（村）委会、社区工作站：

家庭成员基本信息	家庭关系	姓名	性别	年龄	身体状况	工作单位	月收入	备注
	本人						元	
							元	
							元	
							元	
							元	
家庭信息	户籍地址							
	居住地址							
	家庭人口	人	家庭月总收入	元	家庭月人均收入	元		
申请理由	拟申请的救助项目：＿＿＿＿＿＿ ＿＿＿＿街道（乡镇）社保所 （盖章） 年　月　日							

公示日期：　年　月　日至　月　日　区县民政局举报电话：　街道（乡镇）举报电话：　居（村）委会、社区工作站举报电话：

附件5：

北京市低收入家庭认定表

区县:　　　　　　街道（乡镇）:　　　　　　居（村）委会、社区工作站:

<table>
<tr><td rowspan="11">家
庭
基
本
情
况</td><td rowspan="2">申请救助项目</td><td colspan="4" rowspan="2"></td><td>家庭户籍地址</td><td colspan="3"></td></tr>
<tr><td>家庭居住地址</td><td colspan="3"></td></tr>
<tr><td>家庭关系</td><td>姓名</td><td>性别</td><td>年龄</td><td>身份证号码</td><td>身体状况</td><td>工作单位</td><td>月收入</td><td>备注</td></tr>
<tr><td>本人</td><td></td><td></td><td></td><td></td><td></td><td></td><td>元</td><td></td></tr>
<tr><td></td><td></td><td></td><td></td><td></td><td></td><td></td><td>元</td><td></td></tr>
<tr><td></td><td></td><td></td><td></td><td></td><td></td><td></td><td>元</td><td></td></tr>
<tr><td></td><td></td><td></td><td></td><td></td><td></td><td></td><td>元</td><td></td></tr>
<tr><td></td><td></td><td></td><td></td><td></td><td></td><td></td><td>元</td><td></td></tr>
<tr><td></td><td></td><td></td><td></td><td></td><td></td><td></td><td>元</td><td></td></tr>
<tr><td></td><td></td><td></td><td></td><td></td><td></td><td></td><td>元</td><td></td></tr>
<tr><td>家庭人口</td><td colspan="2">人</td><td colspan="2">家庭月总收入</td><td colspan="2">元</td><td>家庭月人均收入</td><td>元</td></tr>
<tr><td colspan="10">受理、审核、认定意见</td></tr>
<tr><td colspan="4">街道（乡镇）社保所受理意见：

经办人签字：
经办机构签章
年　月　日</td><td colspan="3">街道（乡镇）民政部门审核意见：

经办人签字：
经办机构签章
年　月　日</td><td colspan="3">区县民政部门认定意见：

经办人签字：
经办机构签章
年　月　日</td></tr>
</table>

附件6：

告　知　书

______：

我们按照《北京市低收入家庭认定暂行办法》有关条款的规定，对您　年　月　日提交的关于申请北京市低收入家庭认定申请和相关材料进行核查。经核实，您目前的家庭生活状况不符合本市低收入家庭认定的条件，理由是：________________________________

____

____

如对本决定不服，可以自收到本告知书之日起六十日内向区（县）人民政府或者北京市民政局提出行政复议，或自收到本告知书之日起三个月内向______________区（县）人民法院提起行政诉讼。

特此告知

北京市______区（县）民政局

（印章）

年　月　日

告知书送达确认

______于____年____月____日收到申请北京市低收入家庭认定结果的告知书，同意其所述内容，并予以确认。

被送达人：（签字）

送达确认日期：______年____月____日

附件7：

北京市低收入家庭认定公示书

区县：　　　　街道（乡镇）：　　　　居（村）委会、社区工作站：

	家庭关系	姓名	性别	年龄	身体状况	工作单位	月收入	备注
家庭成员基本信息	本人						元	
							元	
							元	
							元	
							元	
家庭信息	户籍地址							
	居住地址							
	家庭人口	人	家庭月总收入		元		家庭月人均收入	元

经受理，该家庭符合《北京市低收入家庭认定暂行办法》的规定条件，认定为本市低收入家庭，核发《北京市低收入家庭救助证》。《北京市低收入家庭救助证》自　　年　　月　　日至　　年　　月　　日，有效期为一年。

在证件有效期内，该家庭可以按照政府相关部门的规定，申请享受本市医疗救助、教育救助、住房救助等专项救助待遇及一次性临时救助待遇。

该家庭在《北京市低收入家庭救助证》有效期内，应当主动向户籍所在地街道（乡镇）社会保障事务所如实申报家庭人口、收入以及财产的变动情况。

该家庭本次申请的救助项目：____________________

__________街道（乡镇）社保所

（盖章）

年　　月　　日

公示日期：　年　　月　　日至　　月　　日　　区县民政局举报电话：　　街道（乡镇）举报电话：　　居（村）委会、社区工作站举报电话：

附件 8：

告 知 书

______：

我们按照《北京市低收入家庭认定暂行办法》有关条款的规定，对您家庭经济情况进行核查。经核实，您目前的家庭生活状况已不符合本市低收入家庭认定的条件，收回并注销您家庭持有的《北京市低收入家庭救助证》。理由是________________________________
____
____

如对本决定不服，可以自收到本告知书之日起六十日内向区（县）人民政府或者北京市民政局提出行政复议，或自收到本告知书之日起三个月内向__________区（县）人民法院提起行政诉讼。

特此告知。

北京市______区（县）民政局
（印章）
年 月 日

告知书送达确认

______于____年____月____日收到收回并注销《北京市低收入家庭救助证》的告知书，同意其所述内容，并予以确认。

被送达人：（签字）
送达确认日期： 年 月 日

后　记

编写这本书的想法最早始于四年前，也就是我们北京社会管理职业学院社会工作系和朝阳区七彩昀社会工作事务所承担朝阳区低保家庭社工介入服务与社会综合支持网络建设的项目之初。那时，我就认为，社会工作虽然是以实务为导向的专业，但不能忘记在大量的实务工作中进行理论总结的必要性，尤其是目前我国社会工作还处于刚刚起步阶段，对实务进行理论梳理十分必要和迫切，中国社会工作要想稳步发展，除制度环境、人才建设等必要的保障外，必须要有本土理论的建构与指引。但完成这样的宏愿，非一人一单位一力可以实现，需要整个中国社会工作教育界共同努力方可。

然而，想法有了，要实现却不容易。虽然从项目伊始，我们在推进项目的过程中，就非常注意相关档案材料的留存与整理，甚至在2013年初在北京召开了一次“社会工作与社会救助”的研讨会，邀请了当时在京的十余位社会工作学者和民政部相关司局的领导专门对这个项目进行了研讨，从项目的专业性到我国相关制度的建构方面，进行了系统总结，但结项已经两年多这件事还是拖着，也是应了我们投身做实务的同行常常说的“一做实务就容易陷进去而难以进行理论总结”的那句话。除了平日事情繁多等外在原因外，实际上我们在内心还不是真正确定这些经验总结是否对当下的中国社会工作实务有参考价值，尽管在2012年《中国社会工作》杂志就对这一项目做了一个专题，但我们还是没有足够的信心。

真正促使我们下决心要实现项目结集出版这一夙愿的动因是《社会救助暂行办法》的颁布。国务院行政法规首次明确了社会工作的重要作用,使社会工作在我国法律制度中有了一席之地,明确县级以上地方人民政府应当发挥社会工作服务机构和社会工作者作用,为社会救助对象提供社会融入、能力提升、心理疏导等专业服务。我们发现,法律规定的这些内容在我们这个项目都有所体现,这么说,我们之前的做法为法律所肯定,这是让我们非常高兴的。同时我们也意识到,我们项目的做法应当是走前一步。根据我们做项目的体悟,我们所经历的很多经验,应当是日后大多数做类似项目的机构和社工都会碰到的。那么,我们还是觉得手头的材料尤其是个案研究还不成熟,好多没有更深一步的理论分析,几乎都是原始档案的展现,这样的东西能否出版呢?正在这个犹豫不决的阶段,我和七彩昀的社工受邀参加央视财经频道《政策论坛》的录制,分享了我们的社会救助项目,获得了好评。此外,一年多来有不少社工机构和同行找到我和我们的团队成员让我们对他们刚刚承接的社会救助项目督导。诸如此类的情况让我们意识到,对于那些从没有做过的机构的社工,我们的项目或许有些启发,有可能避免他们走一些不必要的弯路。

本书是校社合作的产物,是我们社工系和七彩昀社工事务所一道协作共同努力的结果。七彩昀的项目为我系提供了教师实践教学和学生社会服务和实习的平台,我系师生的实务能力得以提升,我系社会救助社会工作方向得以深化。我系师生团队为七彩昀的项目推进提供了扎实的智力和人力支持,我系先后选派多名教师到七彩昀挂职,尤其宋爽、皮楠楠和张柳清三位老师还曾在其发展的关键阶段全职挂职,多名学生参加其社会服务,在很大程度上,我们与七彩昀一道为社会提供我们力所能及的专业服务。

感谢我们的团队,我们这支平均年龄不到35岁的团队,用默默奉献的精神践行着社会工作专业价值观,感谢七彩昀的社工团队,平均年龄不到30岁的这个更为年轻的团队，也用他们质朴的行动谱写着本土社工社会服务的篇章。感谢学院的领导，邹文开院长、王婴副院长和赵红岗副院长，正是在他们的大力支持甚至指导下，我们与七彩昀的合作才能取得目前的成绩。感谢北京市朝阳区民政局和社会工作委员会，没有他们对我们的信任和全力支持，我们是无法完成这个项目的。感谢我们的服务对象，正是他们对我们项目的切实支持，才让我们获得了从事社会工作专业的持续不断的动力和为之奋斗的决心。感谢中国社会出版社及时将这本书进行了出版。

本书主要分为三部分：理论篇、实务篇和附录。理论篇主要是对这个项目的梳理总结，其中的主体文章曾刊登于《中国社会工作》(2012年9月)上，感谢时任杂志社主编的许娓老师和张燕、苗怀宁两位编辑的积极约稿和认真编辑。实务篇主要是这个项目的相关案例的展示，案例的原始梳理主要有七彩昀的社工，他们是许永霞、叶亮亮、姜鹏圆、桂敬娅、马晓璐、贾华一，对案例的分析主要由我系教师进行，他们是陈洪涛、宋爽、哈曼、李林子、赵明思、姜华、苗艳梅，附录主要是相关法规等。

需要说明的是，由于种种原因，本书最终未将何振锋、金娜与陈曦三位老师参与本项目的相关智力成果展现出来，但对他们的感谢是必须的。

本书由北京社会管理职业学院社会工作系陈洪涛担任主编，宋爽和张斐担任副主编，主编们确定了整体建构，编辑审定了全书。

在此要特别一提的是七彩昀的发起人樊建兵先生，樊先生是在今年八月十五日参加天津港爆炸事故社会工作支援相关培训工作后不久，心脏病复发离世的。而在不到一周前，他还和我畅谈了下一步关于社会工作事业发展需要做的工作，我们准备把七彩昀这四年所做的项目一一梳理，呈现出来，为中国本土社会工作理论发展添砖加瓦。谁料到，短短几天，他就用生命诠释了社会工作精神……逝者逝矣，愿他在天堂安息，作为生者，我们还要继续为推动我国社会工作大发展、实现和谐社会和中国梦努力奋斗!

最后,作为一名社会工作教育者,我想与走在职业助人之路的同人们分享我的一位朋友发给我的一段不知出处的话,之所以要分享这段话,是因为社会工作者要想真正助人,必须要明白助人的实质是什么,在助人的过程中,我们并不高于受助者,我们有机会和他或者她在一起走过其生命的一段时光,每个人都有生命力,只是在人生成长过程中被一件件事情所遮蔽,我们能做的就是,和受助者一道把这些遮蔽的东西去掉,恢复其本身的生命力。这不仅仅是概念性的认知,更是需要我们始终内化的专业信念。如果能做到这一点,那么,无论我们的工作对象是低保对象还是其他受助对象,我们都有可能实现助人的真正目标。

陪 伴

陪伴一个人,重要的不是你陪伴他多久,而是陪伴的品质。陪伴,是一种理解,感同身受的理解、共鸣和共振。更重要的是,不去试图改变对方什么,就只是静静地陪伴。与他一同欢喜悲伤,与他一同成长。

于是,当你挫折时,我不会立刻要你振奋,我会陪伴你,去感受你的挫折,因为,挫折是生命的一部分,很重要的一部分。

于是,当你含着悲伤的泪水,抚摸着胸口说“痛”时,我会默默地凝视你,去感受你的痛。如果可以,我会轻轻拍着你的背,抚慰你的痛……

于是,当你发现自己过去闪亮的时刻,笑开了脸时,我会跟着你笑,兴奋地问:“你是如何做到的?”

于是,当你找到自己的力量,感到跃跃欲试时,我会跟着你振奋开怀,与你一起,享受内在力量的渗透与饱满。